日本文化の源流はカタカムナにあり

宇宙の本質を考える

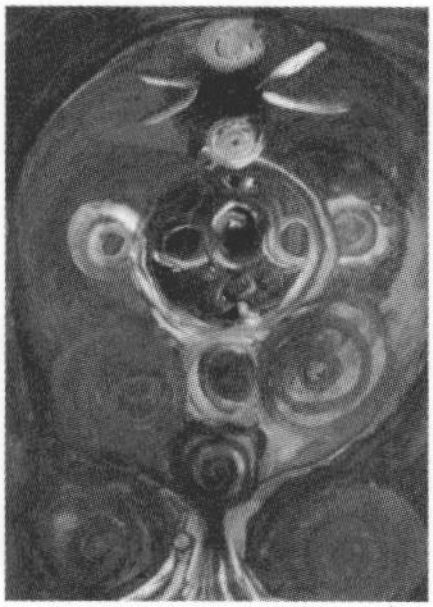

水分　紅月
Mikumari Kougetsu

たま出版

日本文化の源流はカタカムナにあり ✿ 目次

序　「カタカムナ」を学ぶ意味とは

カタカムナとは、「現象と潜象を拮抗させている核」であり、「宇宙を成立させる本質」を意味します。

「潜象」とは、現象の母体であり、「潜んで見えないカタチ」のことです。

私たちが「現象」を理解するためには、「潜象」を感受する必要があります。

「潜象」にもレベルがあって、

完全に見えないのは、「カム」と言い、「力の拡がり」です。

力が拡がっていると、人間の頭では想像が出来ません。

わずかに見えるのが「カミ」であり、「力のゆらぎ」を意味します。

潜象のゆらぎは、現象側から見ると「兆し」になります。

見えない「潜象」を感受しようとすることを、「直観鍛錬」と言います。

潜象に対する直観が高まり、本質に目覚めると、軸足は「潜象界」に移り、自ずと「現象界」における「人生の目的」が見えてきます。

では、「人生の目的」とは一体なんでしょうか。

まず、「目的」と「目標」とを区別して考えます。

「人生の目標」とは何かというと、例えば、○○になりたい、○○の成果を出すなど、この世で、自己実現していくための様々な「目印」にあたります。

人間には、多くの目標を設定する自由が与えられています。

人生の「目標」の達成は「現象界での成功」であり、素晴らしいことです。

しかし、「人生の目的」は違います。

それは、様々な現象界での成功ではなく、「潜象界での進化」にあるのです。

古代中国の正覚者である「伊尹《いいん》」は、
人生の目的を「徳一」の達成とし、徳一なら全て「吉」と言いました。
人生の目的が達成できず、目標の達成だけで人生を終わることを、
「徳二、三」とし、最終的には「凶」としました。
人生における「目的の達成」は、「目標の達成」に優先します。

では、「潜象界での進化」とは一体なんでしょうか。
潜象界で進化するとは、「魂が向上する」ことです。
なぜ私たちは、この世に生を受けたのかということを考えてみてください。
生まれたのは、魂に明確な目的があったからです。
私たちは、魂を向上させるために課題を見つけ、
課題を達成するのにふさわしい両親を選び、生まれてきています。
もし今生で魂が進化しなければ、ずっと輪廻を繰り返します。
ですから、この世で輪廻を止め、魂を進化させることが、「人生の目的」になります。
「カタカムナ」を学ぶ意味は、「魂を進化させる」ことにあるのです。

第一章　カタカムナとの出会い

一九七五年、高円寺に下宿していた学生の頃、
近くに邯鄲夢という古本屋がありました。
その本棚の中に、ある小冊子のシリーズを見つけたのです。
背表紙は「相似象学会誌　相似象」と小さく書かれていました。
手に取って、パラパラとめくり内容をみると、カタカナが多く、
しかも、カタカムナ人とか、ミツゴとか、聞き慣れない言葉ばかりです。
違和感はありつつも、内容は面白いと感じました。
それで、そのうちの一冊を買って帰りました。
家でじっくりと読んでみますと、
探し求めてきた「本質」が書かれているではありませんか。
翌朝、シリーズの残り数冊を全て買い求め、むさぼるように読みました。

そして『相似象学会誌相似象』一号～八号とは、
科学者の楢崎皐月氏が、日本の上古代に書かれたカタカムナ文献を研究して、
直観した本質をまとめた本だとわかりました。
発行元は、渋谷の神泉にある「相似象学会」とわかったので、
地図を頼りに、そこを訪ねてみることにしました。
応接していただいたのは、すらりとして高貴な風貌の宇野多美恵氏でした。
楢崎皐月氏は、一年半前、肺結核で亡くなっておられました。
そこで毎週水曜日、宇野多美恵氏が主催する相似象学会に通うようになったのです。
初期は、科学者、植物波農法の関係者、芸術家、合気道の関係者、富永塾の関係者、
マクロビオテックの関係者などの人達が多数来ていました。
私は、紆余曲折はありましたが、計八年間、相似象学会に通いました。
そこで学んだのは、実は、カタカムナだけでなく、人間の生き方についてでした。
宇野氏は、楢崎皐月氏に出会う前に、すでに富永半次郎氏の門下生でしたから、
相似象学会においては、富永氏の孔子・釈迦・ゲーテ・其角などについての見解と、
楢崎氏のカタカムナが深く結びついていたのです。
カタカムナがいかに優れたものであっても、

学ぶ人間の生き方がまともにならなくては意味がない。意味がないどころか、社会に悪影響すら与えかねない。

カタカムナを学ぶ前に、富永氏の人間学が必要であるという考え方でした。富永氏の思想とカタカムナの物理とでは、当然ながら形式は違うのですが、本質においては「相似象」であると宇野氏は直観しておられました。

第二章　日本文化の源流はカタカムナにあり

一　日本人のルーツはどこか

1　遺伝子情報の調査

日本人の遺伝子情報の調査は、日本人のルーツを知る上で有効な手法です。

調査では、まず縄文と弥生の「二重構造モデル」説の正しさが立証されました。

ただし、日本のヤマト族は、弥生時代になってから、さらに一度、大陸からの移民を受け入れて、混血が進んでいるとわかりました。

日本神話では、ニギハヤヒに続くニニギの渡来にあたるようです。

ところが、日本列島の民族（オキナワ・ヤマト・アイヌ）の遺伝子は、なぜか半数が、現在の韓国や中国の民族にはない「Y遺伝子のD系統」なのです。

一般に、男系遺伝のY遺伝子は、「縄文遺伝子」と呼ばれます。
遺伝子工学の学者である村上和雄氏によると、
縄文の「Y遺伝子」は、親切さや勤勉さをもたらす遺伝子とされます。
縄文時代から弥生時代に移行する時期に、
大陸では、世界的な気候変動による人口激減がありましたが、
比較的温暖で豊かな土地であった日本では、多数の縄文人が生き残ったようです。

2　東大神族（シウカラ）は古代日本人である

『契丹古伝』という本が、浜名寛祐《ひろすけ》という人物によって伝えられています。
彼は、日露戦争の時、満州の奉天に進駐中に、
ラマ寺院に伝わる契丹古伝を写し取る機会を得ます。
契丹古伝は、西暦九〇〇年ごろ、
遼（契丹）の政治家、耶律羽之《やりつうし》によって書かれたとされます。
浜名氏は、契丹古伝に上代日本語が多くあることを知り、
解読を始め、『日韓正宗溯原』という本にまとめます。
その本の中に、「東大神族」の記述があります。

古代の日本は今の満州から黄河にかけての「東大国」にあり、「堯《ぎょう》」や「舜《しゅん》」や「禹《う》」といった聖帝を輩出しています。

「堯・舜・禹」とは、古代中国で理想的な政治を行った三代の帝です。


「堯」は、伝説では、近づくと太陽のような暖かさを感じ、また、遠くからは、湧き起こる雲のように見えた人物とされています。

質素な暮らしをしていますが、黄帝の孫にあたる聖帝です。

暦を制定し、一年を三六六日と定め、計画的な農業を振興しました。

豊かな土地になりましたが、その頃の中国は黄河の大氾濫にさらされていました。

堯は治水を、群臣が推挙した鯀《こん》に任せますが、手抜き工事により失敗します。

そのうちに堯は、年老いて死期が近いことを悟るようになりました。

堯には丹朱という息子がいましたが、あまり聡明ではなかったため、民間で人望のあった舜を起用し、後継者の資質の有無をみることにしました。


「舜」は、まず農地の境界線を巡って争っている農民たちのところに出かけました。

そして、彼らと共に一年間農耕に励みました。

農民たちは、次第に舜に感化されて和するようになり、豊かな共同農地が生まれました。

また、黄河の波止場で、漁場の縄張り争いをしていた漁師たちのところへ行きました。

そこで共に彼らと漁をして一年間過ごすと、若い漁師たちは、年長者の漁権を優先するようになりました。

さらに、粗雑な陶器を作っていた陶工たちのところへも行きました。

「舜」が共に生活をすると、陶工たちは、自然に立派な陶器を作るようになりました。

その感化力を知った堯は、「舜」に帝位を譲りました。

帝になった「舜」は、「堯」帝の時代に失脚した鯀の息子の「禹」を起用して、課題であった黄河の治水に着手します。

「禹」という文字は、トカゲや竜の姿を描いた象形文字であり、水神とされます。

「禹」は、舜の期待に応えようと懸命に働いて黄河の治水を成功させます。

また、中国全土の特産品や生産力などを研究し、天下を九つに分け豊かにしました。

やがて老年になった「舜」は、堯帝と同様に次の後継者について考え始めました。

舜には商均という息子がいましたが、あまり聡明でなかったため、聡明な「禹」に帝位を禅譲《ぜんじょう》することを決意します。
禹は、舜帝が亡くなった後、帝位に就くことを遠慮して商均を帝に立てます。
しかし、人望が禹に集まったため、「禹」が帝に即位しました。
そして国号を「夏《か》」と定めました。
古代中国における政権の交代は、
個人的な利益の追求や血縁による世襲ではなく、
後継者の人望や能力を見定めて帝位を譲る、
禅譲により行われました。
禅譲は、カタカムナのマツリゴトの考え方に基づいています。

3　カタカムナ文明は存在する

カタカムナの図象文字で書かれた古文書は、
カタカムナウタヒ八十首しかなく、裏付ける出土資料もないため、
カタカムナ文明の存在は、史学的には認められていません。
確かに、実証科学の立場から見ると、カタカムナは空想の産物でしょう。
しかしながら、カタカムナ文明がかつて存在した証拠は確かにあるのです。

その証拠の一つ目は、日本語のカタカナにあります。

カタカナは、カタカムナの図象を簡略化した文字であり、各図象に対応させてみると、相似であることがわかります。

二つ目は、カタカムナ図象が示す意味の高度さにあります。

カタカムナ図象を味わってみると、
この図象を作った人の知性が、現代人の知的レベルを超えているとわかります。

カタカムナウタヒを解読した楢崎氏も、

「もし自分が図象を発明したとしたら、僕が神様になってしまう」

「僕は、カタカムナ人の通訳をやっているに過ぎない」と述べています。


最近は、現代文明の行き詰まりから、縄文文化に関心が集まっています。

縄文時代の一部の都市では文字や鉄器もありました。

古代中国の王朝があった時代は縄文後期にあたります。

夏王朝は、黄河流域の二里頭遺跡の発掘によって実在が明らかになりました。

炭素測定法により、殷《いん》王朝よりも古いことが判明したのです。

では、カタカムナ文明があったのはいつごろかという疑問が起こります。
今のところ、存在した年代は縄文以前としか言えません。
カタカムナの図象文字は、
定規とコンパスで作成したような抽象度の高い図象の文字です。
縄文の古代文字とは作りが異質ですから、縄文の頃と考えるには無理があります。

そうなると、推定年代はスピリチュアルな見解を参考にするしかありません。
神智学によると、レムリアが七万五千年前には存在したといいます。
モノの本質を知っており、動植物と交流できた文明だそうですが、
悪に対する免疫がなく滅んだとされます。
カタカムナはモノの本質を知っていた文明ですから、
レムリア文明にあたるのかも知れません。
その後、ムー・アトランティスが興ったとされます。
伝説では、古代の日本は太平洋にあるムー大陸の北端にあったそうです。
ヌーソロジーを確立した半田広宣氏によれば、地球はすでに何度も、
覚醒期（霊的意識）と調整期（物質的意識）を繰り返しており、

二〇一三年から、覚醒期に入ったとされています。

一般には、今から六五〇〇年前に、氷河期の氷が溶けてノアの大洪水になり、ムー・アトランティス大陸は海中に没したとされています。

確かに、それらしき海中遺跡は与那国島で発見されました。

また、洪水の神話も世界各地に残っています。

古代中国の禹の治水は、そうした洪水への対策だったのかも知れません。

洪水後、ムー・アトランティスの人々は、安全な山岳地帯を目指したそうです。

生き残った人々がメソポタミアにつくったのが、シュメール文明だといわれます。

シュメール人は、やがて侵略を受け国を失いますが、海洋民族として全世界に拡散し、その一部は日本にも来ています。

現代文明の歴史は、洪水後のシュメールから始まったといえるでしょう。

二　日本語はカタカムナの伝統を受け継ぐ

1　日本人の脳は西洋人と違う

今から四十年以上も前の書籍ですが、「日本人の脳」（角田忠信著）という本があります。

この本は、日本語の特性を知る上で価値のある一冊です。

角田氏は、虫の音を、右脳で雑音として聞く西洋人の認知パターンと違い、日本人が、虫の音を、左脳で言語として聞いている事実を発見しました。

紀貫之の『古今和歌集仮名序』には、

「花に鳴くうぐひす、水にすむ蛙の声を聞けば、生きとし生けるもの、いづれか歌を詠まざりける」と書いてあります。

確かに日本人は自然界のすべてのモノに情緒を感じているのです。

では、自然の風物や音に、をかしや、もののあはれ、わび、さびを感じる日本人はなぜ生じたのでしょうか。

その原因は、日本語の特性にあるようです。


日本語の「アイウエオ」の母音は、虫の音や自然音に似ている音です。

日本語において、母音は、単独では「感情の表出」に用いられます。

それ以外の音は、「子音＋母音」ですが、語尾を伸ばすと母音は出てきます。

このように、日本語は自然音の母音を主体とするコトバです。

実は、日本人が自然音に情緒を感じるのは、特有の遺伝子が原因ではありません。

音の認知　日本人と西洋人

日本人

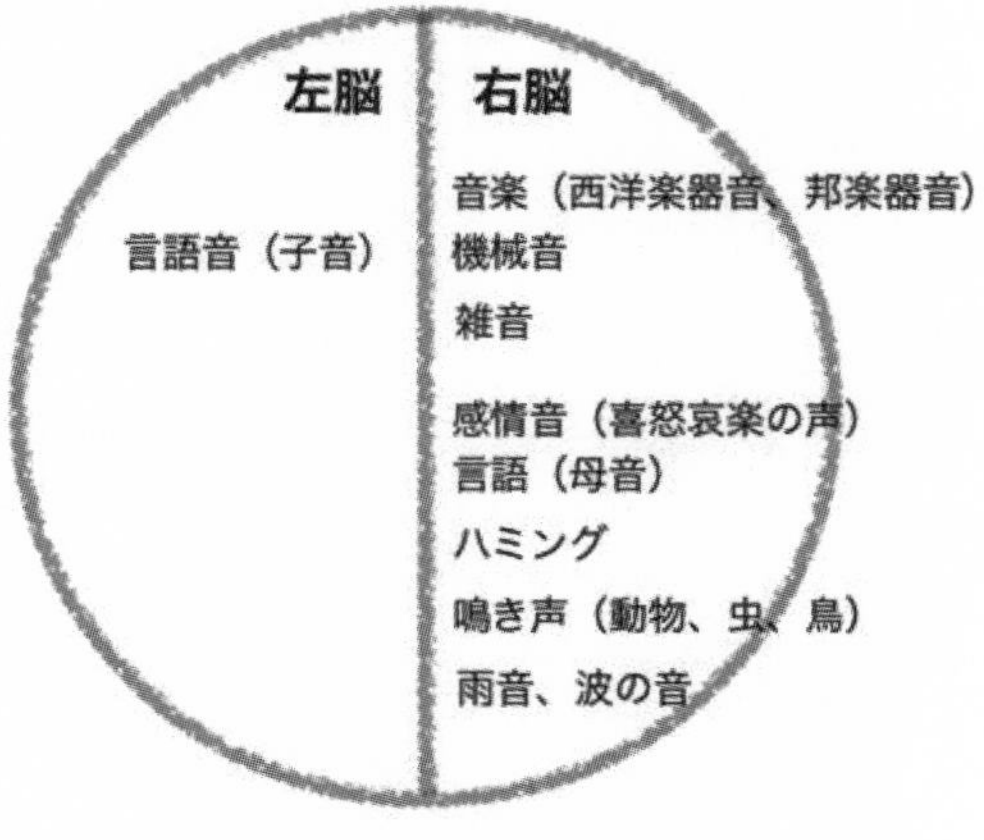

西洋人

外国人でも日本語に習熟すると、虫の音に情緒を感じるそうです。
ジョン・レノンは、オノ・ヨーコと出会ってから、
日本語を話すようになり、性格が穏やかになったと言います。
カタカムナの伝統を受け継ぐ日本語は調和を生み出すコトバなのです。

二〇二〇年から小学校で英語が必修化されました。
英語の学習を低学年から始めると、
英語が身について国際人になれるという考え方です。
しかし、これには問題点があります。
そもそも低学年から英語を学び、日常の英語が上達することと、
相手の考えを理解した上で、自分の考えを述べることは別のことなのです。
国際交流で一番大事なのは、お互いの立場を尊重し、意見を交換し合うことでしょう。
意見を理解するにも、また意見を表現するにも、「抽象的な思考」が必要になります。
では、その抽象的な思考は、何によって支えられているのでしょうか。
それは「習熟した言語」によってです。
日本人なら、「日本語」を使って考えているのです。

その抽象的思考を支える言語が、二つとも未熟なままだったらどうでしょう。
次ページの資料をご覧ください。
これは、カミンズの「敷居《しきい》理論」と言われるものです。
カミンズは、カナダのトロント大学で、
長年バイリンガル教育を研究している研究者です。
敷居は二つあり、上の敷居から上は、「バランス・バイリンガル」と呼ばれます。
二言語の習得に成功すれば、相乗効果で一言語だけの習得者より認知力が高まります。
これは、二言語の共通部分が認知力を高め合う理想の状態であり、
「発達相互依存」と言われます。
一方、下の敷居より下は、「ダブル・リミテッド・バイリンガル」と呼ばれます。
児童が母語を十分に習得しないまま育つと、
認知力の低迷による低学力化が起こりがちです。
これが海外日本人学校や帰国子女が直面する現実問題なのです。
保護者は、バイリンガルのタイプに三種類あることを知り、

カミンズの「敷居（しきい）理論」

2言語の到達度によるタイプ	知的発達への影響	
バランス　バイリンガル ２言語とも年齢相応のレベルまで達している	プラスの影響 認知力を高める	
		……上の敷居
ドミナント　バイリンガル １言語のみ年齢相応のレベルに達している	プラスの影響も マイナスの影響もない	
		……下の敷居
ダブル・リミテッド・バイリンガル ２言語とも年齢相応のレベルに達していない	マイナスの影響 認知力が低下	

一番上のバランスバイリンガルの児童を育てる気持ちがこれからは必要です。二言語をバランスよく習得するためには、英語教育と共に、各家庭における日本語教育が大切になります。

2　日本語に多いオノマトペ

オノマトペとは、擬音語・擬態語のことです。擬音語・擬態語が多いのは、日本語の特色の一つになっています。例えば、「くね」をくり返す「くねくね」で、蛇行している様子がわかります。「ザーザー」「ポツポツ」「しとしと」で、雨の降り方もわかります。

モノゴトを形容詞よりも的確に表現できるオノマトペは、ほとんどカタカナで書かれています。

カタカナはカタカムナ図象の簡略形として、漢字の伝来よりも先に、古代日本に存在していました。ですから、神名はカタカナで書かれているのです。カナの歴史が正される時代はやがて来るでしょう。

3　俳句は助詞一字が意味をもつ

イ　米洗う　前【へ】蛍の　二つ三つ
ロ　米洗う　前【に】蛍の　二つ三つ
ハ　米洗う　前【を】蛍の　二つ三つ

イ～ハは、いずれも米を洗っている時に見た蛍の様子を詠んだ俳句です。
それぞれの【助詞】に注意して、蛍の様子をイメージしてください。
どんな蛍の様子が想像できましたか。
長年日本語を使って来た人なら、蛍の様子がありありと想像できるはずです。

では、それぞれの助詞の意味については、どうでしょうか。

80ページのカタカムナ四十八音「コトミ表」を見てください。
【ヘ】の意味は、「方向」
【ニ】の意味は、「圧力」「定着」
【ヲ】の意味は、「奥に出現する」

とありますね。

助詞の意味を踏まえて、イ・ロ・ハの俳句を解釈すると、次のようになります。

イ　蛍が、米を洗っている自分の前の方向へ光りながら飛んでくる。

ロ　蛍が、米を洗っている自分の前にとまって光を点滅させている。

ハ　蛍が、米を洗っている自分の前の空間で光りながら舞っている。

どうですか。

助詞一字で、蛍の様子が見事に表現できています。

例をかえて説明すると、

「東京へ行く」は、東京の方向へ行くという意識があり、

「東京に行く」は、東京という地点に行くという意識があります。

これなら外国人に「へ」と「に」の違いについて質問されても、

「意識の持ち方」の違いとしてはっきり答えることができますね。

この「意識の持ち方」が日本語では大切なのです。

さて、「を」の説明が一番難しいと思います。

中学校の国文法の時間に「経過する」意味を持つと習ったかもしれません。
しかし、経過するでは、俳句に情緒が生まれません。
この俳句の「を」に、「蛍が舞う奥行きのある空間」を感じ取れたら、
あなたは、「をかし」の情緒がわかる日本人といえるでしょう。

ご存じのように、俳句の定型は五・七・五で知られています。
実は、詠む時は、沈黙を含み、八・八・八の拍子で詠んでいるのです。
例えば、芭蕉の句に、「山路来て何やらゆかしすみれ草」があります。

やまぢきて●●●
なにやらゆかし●
すみれぐさ●●●

文字にならない●は、沈黙であり、「潜象」を意味します。
日本人は、古来から沈黙の中に潜象があるという感覚を持ってきました。

俳句だけでなく、生け花も　茶の湯も、書も、棋道も、武道も、
すべての「ミチ」は潜象とかかわっており、これが日本文化の伝統なのです。

4　日本人はモノとコトを使い分ける

「そういうモノか」と「そういうコトか」は、日常生活でよく使います。
では「モノ」と「コト」とでは、意味がどのように違うのでしょうか。
日本人は普段、モノとコトを無意識に使い分けています。
しかし、改めて説明するとなると、難しいかも知れません。

「モノ」とは、「現象にあらわれてくるカタチ」であり、
「コト」とは、「モノを成り立たせている潜象」です。

日本文化は、忖度《そんたく》する文化であり、あからさまな表現を避けるので、
日本語自体が、曖昧で難しい言葉だと誤解されています、
しかし、カタカムナを知れば、日本語は明解でやさしいコトバだとわかります。

では、次に、71ページを見てください。
そこに「カタカムナ人の宇宙観2」が示されていますね。
「コト」の世界は、モノの奥にあり、現象化すると、コトバになります。
「モノ」は、現象の「物」だけではありません。
「もののけ」や「もののあはれ」の「モノ」でもあります。
モノは、コトから見ると「現象」ですが、物から見ると「潜象」になります。
現象や潜象という表現は、相対的な位置としてとらえる必要があります。

5　日本語の精神は主語をもたない

恋愛中に、「私はあなたを愛します」と恋人に直接言うのは、
日本人には、不自然に感じられます。
あえて言葉にするなら、述語の「愛してる」だけです。
仏教の「愛染」が示すように、巷の愛は、執着であり、煩悩になります。
その証拠に、成し遂げられないと、執着の愛はすぐ恨みに変わります。
日本文化では、自我の執着を超える「無私」が愛なのです。
西洋人が、「私は」という主語を手放さないのは、

「自我」を強化することで生き残ってきた歴史があったからです。

しかしながら、「日本語の精神」は、主語をもたない「無私」を美とし、初めから対立しないことを目指しているのです。

三　日本の文芸理念——カタカムナの伝統を知る

歴代の文芸作品は、人々に「陶酔」をもたらすものがほとんどですが、カタカムナを源とする文芸理念は、「非陶酔の精神」を持っています。

ここでは、カタカムナ文化の流れを受け継ぐ文芸理念に焦点を当て、和歌・俳句・短歌などを交えて考察していきます。

考察のための句例は、「其角」の句を中心に付けたいと思います。

宝井其角《たからいきかく》は、寛文元年（一六六一）年に、堀江町（日本橋近辺）に生まれます。

初めは母方の榎本姓を名乗りますが、後に宝井姓となります。

十四歳で、松尾芭蕉の門人となりました。

「蕉門十哲《しょうもんじってつ》」の筆頭俳人でしたが、独立独歩の精神を持っていました。

都会風で機知に富んだ江戸座を開き、酒脱な「粋《いき》」の句風で知られます。

1　まこと

「まこと」とは、直観でとらえた「モノの本質」をいいます。

一般に「まこと」は、「万葉集」の歌に表れているとされます。

確かに、万葉の和歌を味わうと、飾り気のない素朴な真情が感じられます。

国学者の賀茂真淵も、万葉の「ますらおぶり」を高く評価しました。

ただ、それは、新古今和歌集が技巧に走りすぎて失った「率直な心」への回帰であり、モノゴトの「本質」とは必ずしもいえません。

カタカムナの「マコト」の精神は、むしろ松尾芭蕉の「誠」に表れました。

芭蕉にとって「風雅の誠をせめる」ことは、作句の精神でした。

「花に対してマコトなくんば、花恨みあらん。句はこれにならふべし」

「花に問へば、花かたることあり。姿はそれにしたがふべし」

と本人が述べているように、

「誠をせめる」とは、「私意を離れ、モノの真意を写生する」ことにありました。

本質を写生する「まこと」の流れは、芭蕉や其角に始まり、与謝蕪村を経て、近代の斎藤茂吉にまで至ります。

いざさらば　雪見にころぶ　ところまで　　芭蕉

✿考察

「いざさらば」は、初案は、「いざ出でん」であり、次に『笈の小文』では「いざ行かん」にかわりました。決定案の「いざさらば」は、其角の句集『花摘《はなつみ》』に収録されています。別れにあたって童心に帰り、雪見を素直に楽しむ芭蕉ですが、おそらく「出でむ」や「行かん」には、「自我」による「執着」があると感じたから、改作したのでしょう。「いざさらば」には、大切な人との別れを素直に受け止める「まこと」が感じられます。

泥坊や　花の陰にて　踏まれけり　　其角

✿考察

泥坊とは、蓮根のことです。

蓮根は、美しく咲く蓮の花の下の泥中にあり、人々に踏まれ、意識もされていませんが、エネルギーを補給し、美しい花を支える大事な存在です。

其角は、蓮根の地味な存在に、人生の「まこと」を見ているのです。

春の海　ひねもすのたり　のたりかな　　与謝蕪村

✿考察

春の海の波が一日中、「のたり のたり」と穏やかにうねっている情景です。

擬態語の使用によって、春の海の「まこと」が伝わってきます。

のど赤き　玄鳥ふたつ　屋梁にゐて　足乳根の母は　死にたまふなり　　斎藤茂吉

✿考察

最愛の母の死に際し、実相に観入して写生を続ける「まこと」があります。

2　わび

平安時代の「わび」は、現代の「わびしい」の意味に近く、
「思い通りにいかず悲しむこと」でした。
例えば、藤原氏の台頭により、都に居ることを許されなかった在原業平は、伊勢物語の東下りの旅で、次の歌を詠みました。

名にし負はば　いざこと問はむ都鳥　わが思ふ人は　ありやなしやと

✿考察

都鳥の名を持つ鳥なら、都の事情を知っているはずなので、私の愛しい恋人がどう暮らしているのか教えてほしいという歌です。
零落の身の上にある業平のやるせない気持ちが伝わってきます。

また、兄の行平にも、次の歌があります。

わくらばに　問ふ人あらば　須磨の浦に　藻塩たれつつ　わぶと答へよ

✿考察

もし私のことを尋ねてくれる人がいたならば、須磨の浦で藻塩が垂れるように泣き暮らしていると伝えてほしいという歌です。藤原氏により都を追われた行平の悲しみが伝わってきます。

ところが、江戸時代の松尾芭蕉に至り、「わび」の受け取り方に反転が起こります。「わび」は、「質素ゆえに感じられる美」と位置付けられ、次第に「名利から離れた自由が感じられる美」へと昇華されていきました。芭蕉や其角は、わびに「精神の自由」を見出したのです。「ワヒ」は、カタカムナでは、「調和の根源」になります。

こがらしよ　世に拾はれぬ　虚栗　　　其角

✿考察

「虚栗《みなしぐり》」は、「実のない栗」であり、たとえ実が入っていても、世間の人が「見逃す栗」です。

俳諧の道を虚栗に例えていますが、其角に虚しさはありません。世間が知らない「精神の自由」を俳諧に見出しているからです。芭蕉は、俳諧を「夏炉冬扇のごとし」と言いました。其角も、「無用の用」に精神的な価値を置いているのです。

芭蕉野分して　たらひに雨を　聞く夜かな　　芭蕉

✿考察

外では芭蕉の葉に暴風があたり、家の中では、雨漏りがたらいに落ちる音を聞く夜だなあというのです。この句には、「わびの楽しさ」が感じられます。

旅に病んで　夢は枯野を　かけめぐる　　芭蕉

✿考察

芭蕉が亡くなる四日前の病床で作った句です。

翌日、芭蕉は、夢を「風雅への愛着」と捉え、「かけめぐる」を「妄執」と評しました。

俳諧への情熱を妄執と認知することにより、芭蕉の「わび」は完成します。

清滝や　波に散り込む　青松葉　　芭蕉

✿考察

清らかな清滝川の急流に松の青葉が散り込んでいくという句です。

「青松葉」は、「桃青《とうせい》である松尾芭蕉」を暗示しています。

同年の夏に落柿舎《らくししゃ》で作った「清滝や　波に塵なき　夏の月」を改作し、亡くなる三日前の病床で作った句です。

芭蕉は、前作の「塵なき」を人間の自我による「妄執」と捉え、「散り込む青松葉」に改めました。

妄執を捨て、「自然に回帰する」心境の句に変わったのです。

この辞世の句は、わびを突き抜け、「軽み」に達しています。

3　無常

「無常」は、常がない「イマ」の性質を意味します。

カタカムナでは、無常を「イマタチ」と捉えています。

「無常に生きる」とは、いつの時代も人間が世に置かれる状況ですが、はかない人生とは関係がありません。

無常のイマを受け入れ、活路を見出そうとする積極的な生き方です。

カタカムナでいうと「イキココロ」や「アラカミチ」にあたります。

一瞬の櫓を　おさへて　生路を　勘破す　其角

考察

「櫓《ろ》」は、和舟を推進させるために後部に取り付けた道具であり、この句では「自我」の象徴と見ることができます。

其角は、船頭が「自我」を抑え、川の流れを読む瞬間の判断力に、「いき」を感じるのです。

「イキココロ」が発生すると、活路の「アラカミチ」が開かれます。

行く水や　何にとどまる　海苔の味　　其角

✿考察

『方丈記』の冒頭「行く川の流れは絶えずして」を意識して作っています。
作者の鴨長明は、無常の「観念」にひたり「イマ」には生きていません。
一方、其角は、かすかな「海苔の味」に「無常のイマ」を感受しています。
ここに其角の「いき」があります。
「イマ」は「イキココロ」であり、「無常の生」なのです。

久方の　光のどけき　春の日に　しづこころなく　花の散るらむ　　紀友則

✿考察

のどかな春の日の中、桜の花が、今まさに散っていく無常を表現しています。
紀友則は、『古今和歌集』の選者の一人であり、
三十六歌仙の内にも選ばれています。

藤原氏の台頭により、官位は上がりませんでしたが、境遇をかこつ「自我」が歌にはなく、「無常のイマ」を捉えています。

4　さび

「さび」は、一般に、閑寂枯淡の美であり、老いて枯れた美しさとされます。しかし、俳論書の『去来抄』では、さびの句を、「閑寂なる句をいふにあらず」と説明しています。松尾芭蕉は、去来の次の句を「さび色がよくあらはれている」と評しました。

はなもりや　白きかしらを　つき合はせ　　去来

✿考察

満開の桜の下、番人である老人同士が、白髪の頭を突き合わせてなにやら話をしている情景です。紅のただ中にある、翁の白色が、「渋み」として伝わってきます。「サビ」とは、本来「差により感じられる美」なのです。

文芸におけるサビは、小説のクライマックスでも使われます。
例えば、不治の病になった恋人の願いを叶えようと、
挫折を乗り越えオリンピックに出場した主人公が、
ついに金メダルを取った直後に、訃報を聞くというような場面です。
最高の喜びと最高の悲しみが、
同時に込み上げてくる主人公の気持ちは如何ばかりでしょう。
落差がある「サビ」のマコトに、人々は「あはれ」を覚えます。
世阿弥はそれを「まことの花」と表現しました。

とこおとめ　おとめさひすと　なよよかに
われらひかれて　をとこさひすも

富永半次郎訳
ゲーテ『ファウスト』
神秘のコーラスの一部

✿考察

あらゆる欲望を叶えた代償に、ファウストは魂を悪魔に取られます。

その時、天使が現れ、ファウストの魂は、救済の道を見いだすのです。
この「神秘のコーラス」の最期の和訳は、
古来たくさんあり、一般的な訳は、
「永遠の女性が、われらを高みへと引き上げ、昇らせてゆく」です。
その中でも、富永氏の訳は秀逸であり、
特に「さひ」は、宇宙の本質を表現しているのです。
「おとめさひ」とは、最も女らしくなることであり、
「をとこさひ」とは、最も男らしくなることを意味します。
ゲーテは、ウルリーケに恋して「不思議な心理的転換」を経験しました。
それを、悲劇の死を迎えるはずのファウストの最期に反映させたのです。
富永氏は、ゲーテの「心理的転換」を理解して訳しています。
「さひ」とは、女と男の差異が対向発生を起こす原理です。
カタカムナの物理では、原子核と電子の関係にあたります。
富永氏が、「さひ」と訳した日本語のセンスに驚きます。

5　いき

「いき」とは、「高度に洗練された美」です。
カタカムナでいうと「イキココロ」や「ウルハシココロ」にあたります。
『「いき」の構造』の著者である九鬼周造氏によると、
「いき」は「色気」と「意気地」と「諦念」からなっているそうです。
「いき」は「市中の通人である江戸っ子の心意気」から出発しました。
江戸っ子気質の其角や富永半次郎は「いき」の体得者と言えるでしょう。
男女の恋愛感情が「まこと」に到り、洗練されると「いき」になります。
派手さと地味さを合わせ持つ「いき」は「さび」にも通じます。
デカダン（退廃）に陥りそうな市中で、自らを高く保つ精神が「いき」なのです。
崩壊に抗する「マイナスエントロピーの美」と言っていいでしょう。
楢崎皐月が、難行苦行の道ではなく、女性からのアマウツシにより、
直観を向上させる道を求めたのも「イキココロ」の発生を知っていたからです。
「いき」は知的で非陶酔の美であり「あはれ」とは違います。
「非陶酔」により、心はデカダンに流れず、制御が可能になります。
ニュートラルな「ミクマリ」の精神を「いき」と考えていいと思います。

カタカムナの流れにある「いき」は、日本人の心に生き続けており、
現代においては、高性能で、おしゃれで、かっこいい、日本製品に結実しています。

鐘ひとつ　売れぬ日はなし　江戸の春　　其角

✿考察

滅多に売れないはずの鐘が毎日売れる江戸元禄の世は、
精神文化が花盛りにあり「いき」なのです。

日の春を　さすかに鶴の　歩みかな　　其角

✿考察

春の日ではなくて「日の春」としたところに、
カタカムナ的な感受が、其角にあったとわかります。
「ヒノハル」とは「根源から循環して陰陽が安定する」ことなのです。
「さすかに」には、

「日が射して」と「さすがに」の意味がかけられています。
新春らしく、颯爽と歩く鶴の姿が「いき」です。

第三章　宇宙の本質を考える

カタカムナは「モノゴトの本質」ですから、「本質を考える」ことが、カタカムナを学ぶ「方法」です。

カタカムナに出会ってから五十年の体験を踏まえ、私が考える「本質に到る方法」をこれから述べたいと思います。

一　白紙になる

1　ミクマリ

ミクマリとは、陰陽になる前の状態であり、数字であらわせば、0を意味します。
0は、何もないように見えますが、

潜象と現象の力が「拮抗」して重合した状態のことです。

「中性」ですから、何にでも自由に変換できます。

細胞で言えば、幹細胞、万能細胞にあたります。

ミクマリの拮抗状態はやがて崩れて、モヤモヤし始め、揺らぎ、双球のミスマルノタマ、さらにマカタマとなっていきます。

これが細胞分裂の過程なのです。

ミクマリは日常生活に生かすことができます。

私は、時々横たわり、自分の体を矯正することがあります。

全身の力を抜き、意識を完全に白紙にするのです。

そして体の指示がまとまるまで待ち、その指示に従い体を動かします。

そうすると、歪みが矯正され、爽快になります。

活動している時もミクマリは活用できます。

どうしようか迷う時、自我の判断を捨てて、ミクマリになります。

そうすると、思わぬアイデアが湧いてくるのです。

真の詩人は、最初の構想にとらわれず、感受に身をゆだねます。

西洋の近代的理性を代表するゲーテが、

最晩年に不思議な「精神的転換」を起こしたのは、
「詩人になって見ろ」と言う詩の声に従い、詩人になったからです。
「詩人になる」とは、「ミクマリ」になることなのです。

2　明鏡止水の境地

私は、学校で囲碁クラブを作り、二十年間生徒の指導をして来ました。
試合の前日には「作戦など考えるな」
「全く真っ白な状態になって試合に臨め」
「明鏡止水の境地で対局すれば、相手の状態が自分の心に写るようになる」
「普段から自分が中性の状態になるよう努めよ」と指導しました。
囲碁指導は、技術の指導が3、考え方の指導が7がいいのです。
そうすると初心者は、指導者の考え方に触れ、自分なりの棋風を育てます。
指導者は、ひたすら方向性と考え方を示す指導をすべきであって、
求められもしないのに細かい技術を教えることは、
生徒から考える力を奪うことになると肝に銘じておかなければなりません。
判断力を育てる指導者はミクマリを知っています。

3　相抜けを目指す

「相抜け《あいぬ》」という聞きなれない言葉を初めて知ったのは、高校時代に読んだ大森曹玄の『剣と禅』の中でした。

大学に入り、渋谷の相似象学会に通うようになり、再び「相抜け」と出会いました。

学会での話題が、富永老師の『剣道に於ける道』になったからです。

「相抜け」とは、

剣を構えて見合い、相打ちになる極限状況においても、お互いに克己の心を保ち続けることです。

結果として、闘争心を乗り越えて、敬愛心が湧き起こり、和平に至ることになります。

孔子も「仁」の本質を、弟子の顔回に「克己復礼」と教えています。

克己とは無我になることです。

復礼とは、本来「精神の自在を得る」ことです。

結果として「心の欲するところに随て矩《のり》を越えず」になります。

「相抜け」の考え方は、単なる観念ではなく、幕末の外交において実際に発揮されました。

幕府軍と薩長軍が、江戸で大決戦を行う前夜、
両軍を代表して山岡鉄舟と西郷隆盛が、最後の交渉を行いました。
もし交渉が決裂すれば、江戸は火の海となります。
ところが、両者が戦わずして共に勝つという「相抜け」の交渉により、
奇跡的に両者に不満のない和議が成立しました。
こうした相抜けができる民族の深層心理には、
カタカムナのミクマリの考え方があります。
相打ちになるしかない世界の対立を、相抜けに持ち込むことが、
ミクマリを伝統に持つ日本人の役割となるでしょう。

4　自由になる

『鬼滅の刃』無限列車編の映画はご覧になりましたか?
この作品が提起する問題に、無限列車の乗客たちの意識があります。
彼らは、眠って見る夢の中で、
自分だけの幸せを味わいたい人々であり、鬼に支配されています。
まさに日本の現状を先取りしているともいえます。

劇中では、炭治郎が一人、鬼の催眠術を見破り、自我を切ることで、妄想から脱し、自由になります。炭治郎の精神核に触れた乗客の一人も、妄想から目覚めます。

これが、ミクマリの作用です。

断捨離とは、モノを捨てることではありません。

「我を捨てる」ことなのです。

いろんな束縛や悩みの多いこの世の中で、真に自由になるためには、私たちはどうすればよいのでしょうか。

それは、我を捨て、ミクマリに戻ってみることではないでしょうか。

二　循環する

1　差異があるから循環する

ドゥルーズという哲学者の著書に、『差異と反復』があり、彼は、「差異が反復より先に来ることが大切だ」と述べています。

これは一体なぜでしょうか。

生命の「循環」は、「差異」によって始まるからです。
近代の日本は、差異を認めず、平等という観念を先行させました。
差別のない明るい社会が実現するはずでした。
しかし、現状は、画一化が進行することで、文化レベルは低下し、
学校では落ちこぼれが生まれ、いじめが蔓延します。
また、日本のどこに行っても同じような建物が立ち、
その土地らしさが感じられなくなりました。
だから今、その反省として江戸文化が見直されているのです。
「差を無くせば発生はない」というのが、楢崎皐月の直観でした。
「違いを尊重する」のが、本来の日本文化なのです。
まどみちおさんの『象さん』の歌は、違うことの喜びを表現しています。
「さび」とは、「差異による美」なのです。
逆説的ですが、日本文化の「サヒ」の復活が、自由と平等の世をつくります。
お互いに違いを認め、そこから和していく自然なスタイルを、
世界が求める時代が来ると思います。

2　他者を知る

カタカムナにおいて、
カタは「他者」にあたり、「カムナ」は「自己」にあたります。
「カタ」とは「カムの力から分かれたカタチ」であり「現象化した他者」です。
「カムナ」は「力が拡がり拮抗している核」であり、「潜象の自己」です。
見えない「精神」が「自己」であり、肉体の自分は「他者」にあたります。

生命は　その中に欠如を抱き
それを他者から満たしてもらうのだ
世界は多分　他者との総和
『生命は』吉野弘の詩の一節

✿考察

「カタ」である他者は、循環する「モノ」なのです。
「生命」は、モノと精神の「差異」により発生します。
カタとカムナによりイノチは生まれるのです。

3　新陳代謝をする

蟷螂の　尋常に死ぬ　枯野かな　　其角

✿考察

カマキリの雄は、子孫のため雌に食べられて死にます。其角が表現する無常には、厳しさは感じられても、嘆きはありません。生命が循環するには「尋常に死ぬ」ことが必要なのです。

いつか散ること知りながら
踏まれてもただ誇らしく
まっすぐに伸びていくのは
どんな力がいりますか

浜崎あゆみの歌詞　Ｈａｎａより

✿考察

新陳代謝とは、死に向かう生命の力です。

細胞は、新陳代謝により、組織が入れ替わり、秩序化されます。
新陳代謝を起こす力を「カムウツシ」といいます。

4　互換する

「互換」とは、差異により、互いにエネルギーを交換し合うことです。
連続する互換が、エネルギーの「循環」を起こします。
カタカムナでは、「互換」を「スヘ」といいます。
「スヘ」により、細胞の生と死が互換して「新陳代謝」するのです。
互換は「膜」という「環境」でなされます。
カタカムナの「オホ」が「宇宙的環境」にあたります。
「オホ」には、遠心のカムナと、近心のアマナがあり、
カムナの引力である遠心力と、アマナの引力である近心力が互換して、
宇宙のバランスをとるのです。
「大宇宙の互換バランス」をカタカムナでは「ツガヒ」といいます。
また、大宇宙は「アオ・アカ・アヤ」で循環しています。
「アオ」は、「奥深い宇宙」であり、「カム」にあたります。

そこに「アカ」という「生命の力」が働き「アマ」が生じます。
「アオ」と「アカ」は対向（ムカヒ）し、
互換（ツガヒ）することで「アヤ」になります。

三　出会うことで発生する

1　フトマニを知る

「フトマニ」とは「二つの振動が統合し、マに定着する」ことであり、
「大きな出会い」を意味します。
「フト」は、私たちが「ふと気づく」という時に使うあの「フト」です。
差のあった二つが、ふと結びつくことで、大きなチヤンスが生まれます。
これを「対向発生」と言います。
楢崎氏も「生産するには、差が必要である」と述べています。
精子と卵子が出会い、結合して胎児ができるように、
人の出会いやアイデアの発生も、フトによってなされるのです。
日常において、立ち止まり「フト」考えようではありませんか。

2　直感に基づく実験をする

科学は「仮説を立てて実験し立証する」ことで発達しました。
ただし、現象のみが対象なので、実験の立証にはすでに偏りがあります。
これからは潜象を組み入れた実験科学が必要です。
私たちが日常生活でできるのは、直観に基づいた実験です。
楢崎氏は、それを「直観鍛錬」と言い、富永氏は「実習」と言いました。
日常生活において潜象に敏感になり、
フト閃いたことを捉え、実験する習慣が大切です。
宇野氏は「私たちは実験人間なのですから、
私が亡くなっても、祭り上げたりせず、
各自が自分の生き方の問題として考えてくださいね」
と常々おっしゃっていました。

3　感受が主人だと知る

感じることは誰もがやっているので、易しいことだと思うかも知れません。
しかし、案外そうでもないのです。

なぜなら、現代生活は便利な反面、感受が歪む日常の連続だからです。
現代知識人は、頭を第一と考え、感受など考えたことがありません。
頭が主人だと錯覚しており、感受が歪んでいることに気がつかないのです。
主人である感受が歪むと、従者の頭は間違った情報で思考します。
当然ながら、妄想が生まれ、判断は狂います。
これがノイローゼの正体です。
ですから、感受が主人だと気がつくことがまず必要です
まともな感受になると、思考は正常に働き、妄想は減るものです。
すると、正しい判断が自ずとできるようになります。

では、具体的にはどうすればいいのでしょうか。
まず、「フト」を意識的に入れて、思考を一旦止めることです。
頭を白紙の「ミクマリ」にして、直観で行動する習慣をつけるのです。
最初は曲がった直観ですが、やがて直観が向上して判断力がついてきます。
カタカムナでは、これを「ナホヒ」と言います。
新しい感受が生まれ、脳のシナプスがうまくつながると、

間違った感受と思考はいつの間にかなくなります。

いつとけて　井の輪の氷柱《つらら》　つらかりし　其角

✿考察

昔、なぜ悩んでいたのだろうかと、ふと気づいたことはありませんか。

それは、あなたが新しい感受を得て、直観力が向上した証なのです。


最終的に、「主人はあくまでも感受だと、頭が頭に教える」ことが必要です。

いかに優秀な頭であっても、あくまでも頭は従者の分際なのです。

ですから、感受が主人であり、頭は従者であることを、自分の頭で、自分の頭に、いつも教えてください。

これを「逆序」と言います。

実は、この逆序の価値に気がついたのが、最晩年のゲーテなのです。

フンボルトに宛てた三月書簡の中で、人間の特長を、「オルガーネ（脳）が、オルガーネ（脳）を教え返す力を持つこと」と述べています。

4　連帯の意味を知る

生命は、広域宇宙における潜象の「連帯」そのものです。
現代科学は、ＤＮＡやＲＮＡの構造の究明を目指し、
現象物質から生命の本質に迫ろうとしています。
しかし、いくら微細にモノを分けて生命の原物質を明らかにしようとしても、
生命の本質は、「潜象の連帯」による「機能」なので、
現象的に分解して摑むことはできないのです。
ＤＮＡやＲＮＡのカタチを「網目」と考えると、生命は「網」にあたります。
「網目」をバラバラにして取り出すと「網」の機能は失われてしまうのです。

イノチの「連帯」とは、「潜象を共有する」ことであり、
マコトを母体とした宇宙のつながりです。

岩鼻や　ここにも一人　月の客　去来

✿考察

向井去来は、明月に興を感じて、句を吟じながら山野を歩いていました。
すると、岩頭に月を愛でる一人の風流人を見つけて共感を覚えます。
ところが、師匠である松尾芭蕉は、単なる共感ではつまらないというのです。
そして「ここにも一人いると、自分から名乗り出る句にするべきだ」と述べます。

芭蕉は、「ここにも一人」を、「肉体の自我」ではなく「精神の自己」と見ています。
芭蕉が、最初に、去来の句を素晴らしいと評価したのは、
「風雅の誠をせめる自己の精神」が表現されていると感じたからです。
芭蕉の解釈によるこの句の魅力は、
「岩鼻や」と、モノを「外側」から眺めておいて、
視点を「ここにも一人」と「内側の精神」に引きつけたことにあります。
そうすると、「月」は、もはや対象であるモノの月ではなく、
反転して「精神の月」となっているのです。
「月の客」は、精神の月が主体となり、月見の客たちを俯瞰する「結び」です。
マコトと一体化した風流人たちの「連帯」が、この句には表現されています。

四　大局観を得る

1　抽象的な感性を持つ――カタカムナの表象を知る

①　ミクマリ

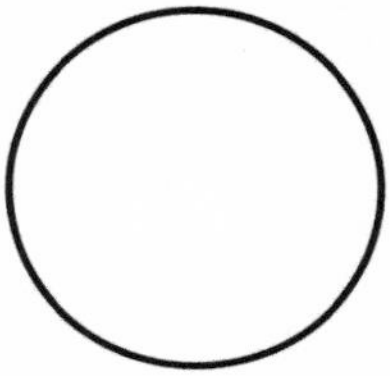

「ミク」は「ゆらぐ0」を意味します。

「ミクマリ」とは、陰陽が拮抗した「太極」であり、中性の「無我」を意味します。

「無我」とは、思い込みや刷り込みが無くなった状態です。

② マカタマ

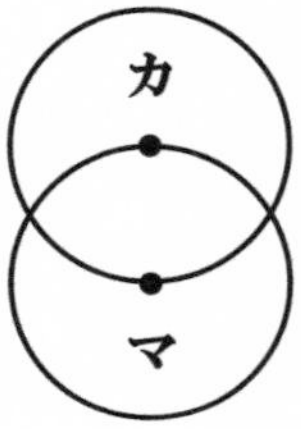

マとはアマ（有限宇宙）のことであり、
カとはカム（無限宇宙）のことです。
活動するマとカは「ズレ」ることで、
重合（重なり合うこと）・互換（入れ替わること）をしています。
マカタマは「ズレ」の差により、
旋転・循環をする「球」なのです。

上の右図は、一般に知られる陰陽のマカタマ図象です。
上の左図は、マとカのズレを表したマカタマ図象です。
ズレによる差が、エネルギーを生み出すことを示しています。
左右の図は本質的には同じマカタマなのです。

本書の「カタカムナ人の宇宙観」は、説明を的確にするため、
左図のマカタマ図象を原型としています。

③　フトマニノツルギ

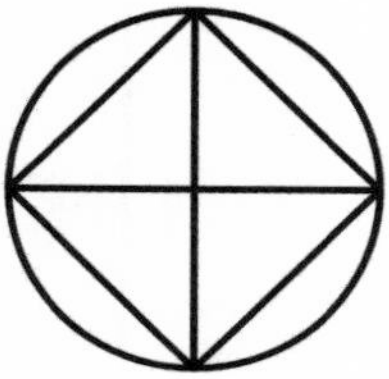

潜象核である「カムナ」を表しています。
正八面体を上から見た形とも、ツルギの断面の形とも言えます。
ツルギとは「和平」の象徴であり、
仲良くすることを「つるむ」といいます。

④　ヤタノカガミ

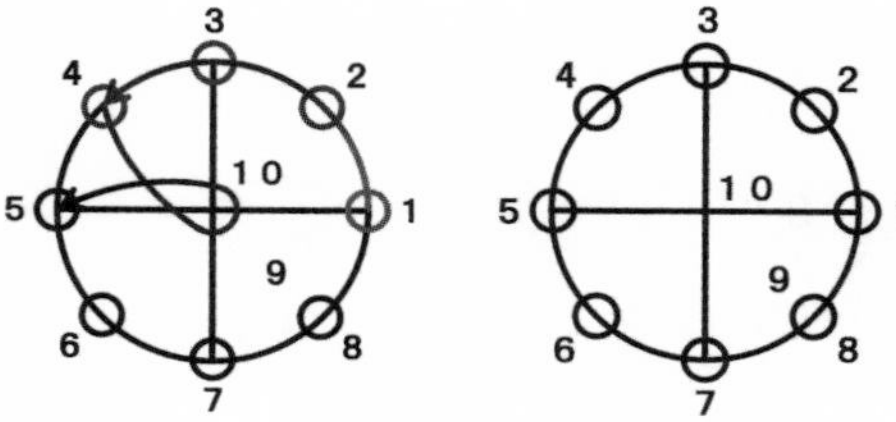

潜象（目に見えない世界）から現象（目に見える世界）に出て、
再び潜象に回帰する八段階の次元を表したものです。

小円（〇）はマリであり、各次元に出現します。
小円は、根源のヒから、フ、左回転でミまで進みます。
しかし、ヨに到達した時、すぐにそのままイには行きません。
中心核のトに入り、反転して、イへと進みます。
潜象から現象へ進む「表」（酸化）の過程です。

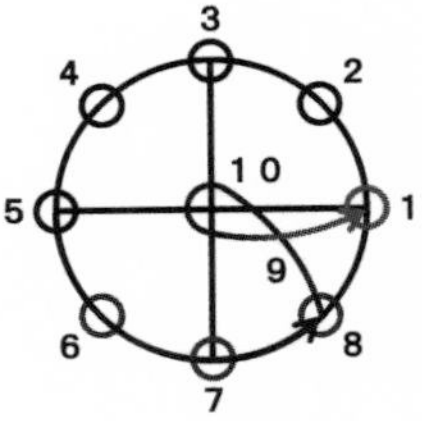

イで現象化したマリはムで拡がり、還元へと向かいます。
ナで核と呼応し、さらにヤで飽和状態を迎えます。
しかし、ヒには、直接向かわず、
コで中心核のトの方向へ転換します。
トで統合すると、反転して、ヒへ進みます。
現象から潜象へ進む「裏」（還元）の過程です。

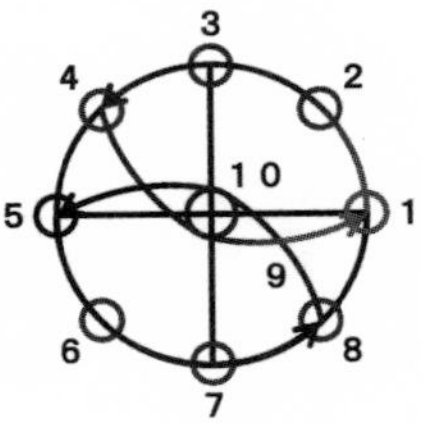

ヤタノカガミにおけるマリの循環は、
酸化と還元の過程として示されます。
反転を生む「コト」は「中心核」を意味します。

2　統合する——カタカムナの宇宙観を知る

② マカタマ　③ フトマニノツルギ　④ ヤタノカガミは、
「三種の神器」と言われ、天皇家の皇位継承に使う宝器になっています。

カタカムナ人の宇宙観 1

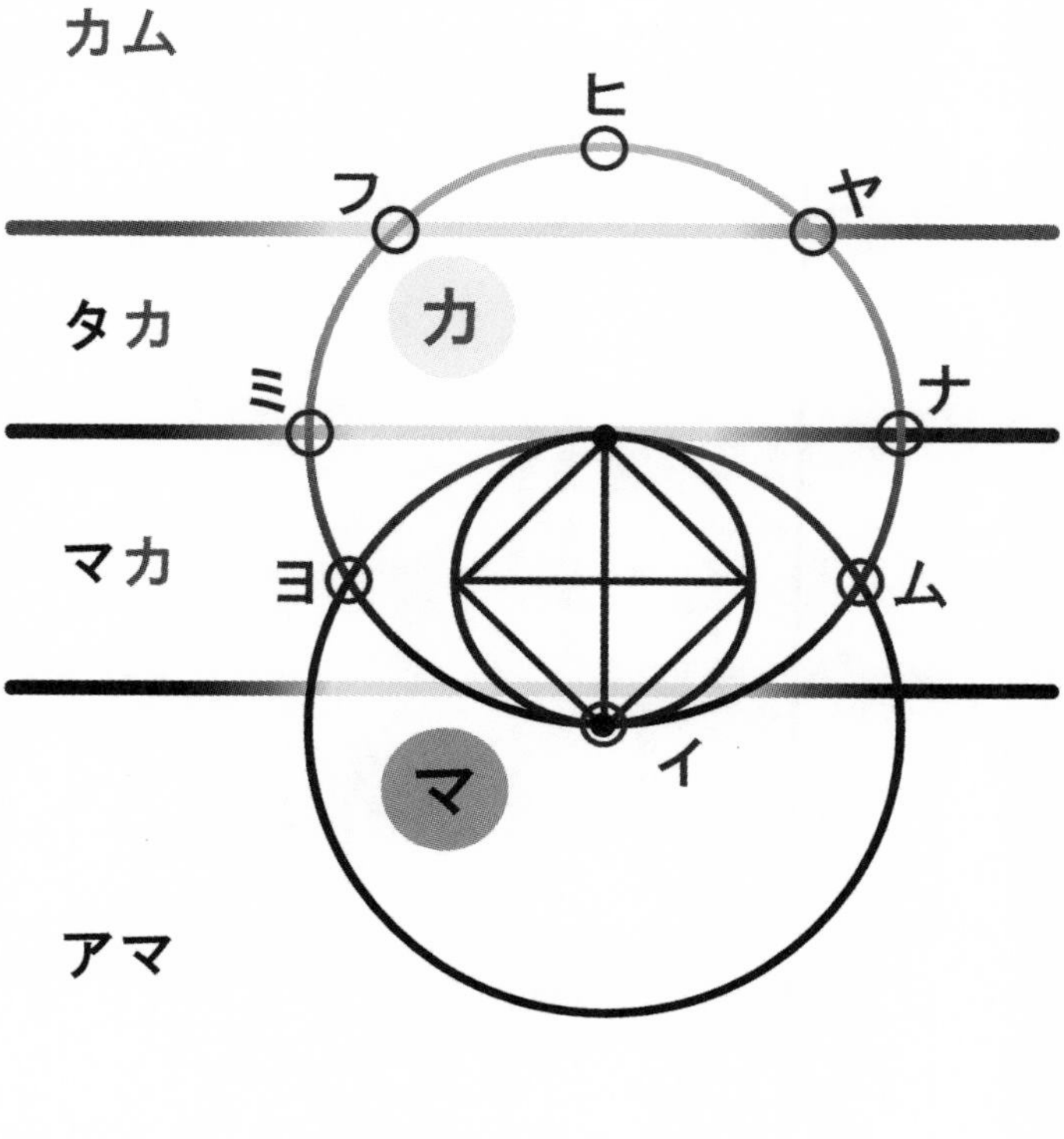

①②③④を統合して図示しますと、カタカムナ人の宇宙観1になります。

⑤カミ・コト・モノ

「カミ」とは、「カムが現れた実質」であり「力のゆらぎ」を意味します。
「コト」とは、「転換し統合する」ことであり「核」を意味します。
「モノ」とは、「漂い循環する」ことであり「生成物」を意味します。

⑥アマ・タカ・マカ・ハラ

「アマ」は、「初めの生命の器」であり「宇宙」を意味します。
「タカ」は、「独立した力」であり「位置ポテンシャル」を意味します。
「マカ」は、「宇宙の力」であり「拮抗力」を意味します。
「ハラ」は、「陰陽の場」であり「アマへの回帰」を意味します。

⑤⑥を入れて再統合すると、カタカムナ人の宇宙観2になります。

カタカムナ人の宇宙観 2

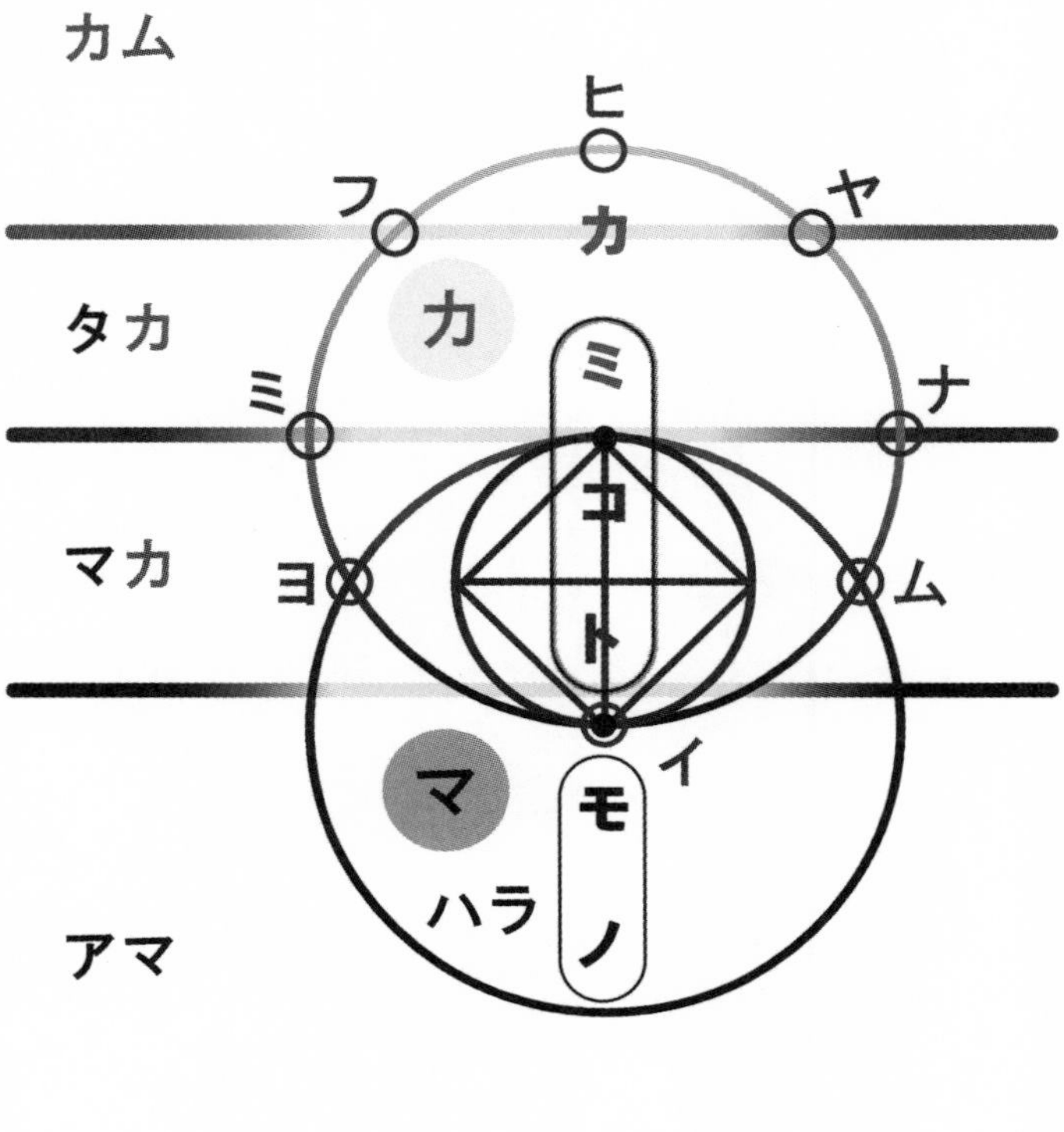

3　メタ認知をする

「メタ」とは、「高次の」という意味です。

「メタ認知」とは、

「高次の視点から、自分の認知について認知し直す」ことを意味します。

例えば、ソクラテスが唱えた「無知の知」とは、

「自分がわかっていないと知ること」であり、「メタ認知」なのです。

世阿弥は、能を演ずる時に、

「自分の目による前方の認識だけでなく、

観客の目による後方の認識もせよ」と教えています。

これを「離見の見」と言います。

「離見の見」とは「自我を離れて、メタ認知をする」ことであり、

大局判断をすることです。

切られたる　夢はまことか　蚤のあと　　其角

✿考察

芭蕉は、この句を「定家のように大げさに表現している」と評しました。
風雅の誠を追求する真面目な芭蕉には、
其角の「をかしみ」がよく理解できなかったようです。
この句には、自分の潜在意識を覗き見る「メタ認知」の面白さがあります。
芭蕉も晩年には、其角の影響により、自身のメタ認知が効いてきて、
「軽み」を指向するようになります。

我が雪と　おもへば軽し　笠のうへ　　其角

✿考察

降り積もる「雪の重み」に耐えて歩くのは、確かにつらいでしょう。
つらいですが、其角は「発想の転換」をします。
降り積もる雪による「つらさ」は、「我の表れ」だとメタ認知したのです。
「メタ認知」により、つらいという受け身の被害意識は、
能動的な向上心に転換しました。

転換の喜びが「軽し」に表現されています。
「我が雪」ではなくて「我が物」と言い換えた小唄が幕末に流行しました。
しかし「自分の物だと思うならば」は「我欲」になり、救いはないのです。

4　正覚《しょうがく》を目指す

「正覚」とは、「人生の目的に目覚めること」です。
人生の目的とは「マコトを知り、霊性を高める」ことにあります。

かなしとや見猿のために曼珠沙華　其角

✿考察

「見猿・言猿・聞猿」は三猿と言われ、
自分に都合の悪いことや人の欠点について、
「見ない・言わない・聞かない」態度がいいと言う処世訓になっています。
確かに無難であり、生活の知恵かもしれませんが、問題点があるのです。
「見ざる」では、目の前の美しい曼珠沙華を見ることができません。

曼珠沙華とは、「マコト」のことです。

其角は、人生の目的を見失っている人たちを「かなし」と感じているのです。

鶴さもあれ顔淵生きて千々の春　　其角

✿考察

鶴が千年生きるというのは確かにめでたいです。

しかし、短命だった顔淵の名が二千年経った今も残っているのは、もっとめでたいというのです。

顔淵《がんえん》は、孔子の一番弟子である顔回のことです。

質素な暮らしの中でマコトを求め、一を聞けば十を知る人物でした。

孔子は、顔淵を自分の後継者にしようと考えていましたが、若くして亡くなったので「天は私を滅ぼした」と嘆きます。

其角は、人生の目的を知る顔淵の生を「千々の春」と讃えています。

「徳一なれば、動きて吉ならざるはなく、
徳二三なれば、動きて凶ならざるはなし」　伊尹《いいん》

✿考察

伊尹は、もともと宮廷の料理人でした。
薬学に精通していた人物でもあり「医食同源」の祖とされます。
ある時、伊尹は、湯王に、政治のあり方を料理に例えて話しました。
その政治論を聞き、見識の高さを知った湯王は、伊尹を宰相にします。
宰相となった伊尹は、臣下の適材適所を心がけ、実務を立派にこなしました。
そして湯王が亡くなると、湯王の孫にあたる太甲《たいこう》を即位させます。
ところが、太甲は怠け者で粗暴だったので、伊尹は彼を追放しました。
そして、三年後、太甲が充分に反省した時、太甲を呼び戻し、帝王学を授けます。
「徳がなければ、天下は永続しません。
忠言を受けた時には、特に熟慮することが大切です。
また、甘言を言う臣下は信用せず、誠があるかどうか調べることです。
天子の言動は影響力があるので慎重に行動してください。

誠がない政治をすると、民は不安になり離れます。
先帝の湯王は誠の政治をされました。
どうかご自分を高め、誠実な気持ちを、周りに及ぼしてください。
民の重い税金や苦役を和らげ、平和が続く政治をお執りください」
やがて、老いた伊尹は、賢帝となった太甲に後を託します。
政界を去るにあたり、
「徳一なれば、動きて吉ならざるはなく、
徳二三なれば、動きて凶ならざるはなし」と、太甲に教示します。
この章句の意味は、
「私心のない徳で行動すれば、最初はつらくても、素晴らしい未来が開けます。
しかし、多くの欲を徳と錯覚し行動すれば、最初はよくても滅亡してしまいます」
ということです。

第四章　カタカムナを習得するには

一　カタカムナ四十八音の「コトミ」をつかむ

「コトミ」とは、一音一音の「コトタマの実質」を意味します。
つまり、日本語四十八音のコトミとは、
カタカムナウタヒの第5・6首にある「四十八音のコトタマの意味」にあたります。
「コトミ」を知ると、カタカムナのコトバが理解できるようになります。
例えば、「ナミ」というコトバは、「ナ」と「ミ」に分解できます。
次の「四十八音コトミ表」を見てください。
「ナ」には、「核・拮抗・繰り返す」の意味があります。
「ミ」には、「実質・ゆらぎ・光子」の意味があります。

そうすると、「ナミ」は、「拮抗するゆらぎ」という意味が最適であり、「波」の本質を最もよく捉えている訳とわかります。

一方、「ナギ」は、「拮抗するエネルギー」であり、動きが止まった「凪」の本質を捉えています。

この「コトミ表」は、コトバの本質がわかるように作っていますので、常に表を見て、理解を深めてください。

なお、コトミ表を音読をする時は、カタカムナの伝統である謡《うたひ》のように「八拍子」で詠んでください。

八拍子とは、五七調にマ（〇）を入れた八音のリズムです。

四十八音コトミ表

ヒ 1 根源 2 陽	マ 1 器 2 有限宇宙 3 細胞	ム 1 拡がり 2 見えない	ア 1 生命 2 最初 3 感動
フ 1 振動 2 増える	ワ 1 調和 2 マリ 3 磁気	ナ 1 核 2 拮抗 3 繰り返す	ウ 1 生まれる 2 変換
ミ 1 実質 2 ゆらぎ 3 光子	リ 1 離れる 2 対向	ヤ 1 極限 2 飽和	ノ 1 生命活動 2 循環 3 ゆっくりと 4 変遷
ヨ 1 中性 2 整う 3 用意	テ 1 発信 2 提示	コ 1 転換	ス 1 一方へ進む 2 透き通る 3 還元
イ 1 微粒子 2 陰 3 希求する 4 意	メ 1 芽 2 指向 3 傾く	ト 1 統合	ヘ 1 方向 2 へり 3 酸化
	ク 1 引かれ寄る 2 反転		シ 1 示し 2 結果
	ル 1 留まる 2 安定		レ 1 消失

○	ユ 1 湧く	○	カ 1 チカラ
ハ 1 引き合う 2 陰陽	ヱ 1 増殖 2 届く	ソ 1 外れる 2 素粒子	タ 1 分かれる 2 独立する
エ 1 うつる	ヌ 1 突き抜く 2 潜在	ラ 1 あらわれる 2 場	チ 1 持続 2 凝縮
ツ 1 集まる 2 発現する	オ 1 奥深い 2 立体化する	ニ 1 圧力 2 定着	サ 1 差 2 カムウツシ 3 裂く 4 遮り
ヰ 1 本質 2 存在	ヲ 1 奥に出現する 2 変異	モ 1 漂う 2 重合 3 繁殖	キ 1 エネルギー 2 発生 3 アマウツシ
ネ 1 源 2 充電 3 秘める	○	ロ 1 空間	○
ホ 1 引き離される 2 親和	○	ケ 1 変化 2 放出 3 代謝	○
ン 1 真意	○	セ 1 引き受ける 2 競る	○

二　カタカムナ四十八図象の「カタチ」をつかむ

●カムウツシ（縦）ライン

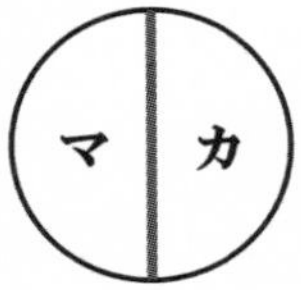

カムとは「力の拡がり」であり「無限」です。
無限の力は、有限のマと対向し、カミを発生させます。
（マは、カと相対すると現象ですが、物から見ると潜象ともいえます）
カムウツシとは、マ（現象世界）と、カ（潜象世界）の界面に、
カミを発生する力であり、縦線で示します。
魂に直接的な圧力を受けるような感覚は、カムウツシです。

●アマウツシ（横）ライン

アマとは、「生命の器」であり、二次的で「有限」です。
アマウツシとは、有限宇宙（マ）において、
「表」のモノと「裏」のエネルギーを互換し、
循環させる力であり、横線で示します。
体にジワジワと磁気を受けるような感覚は、アマウツシです。

・大円と小円

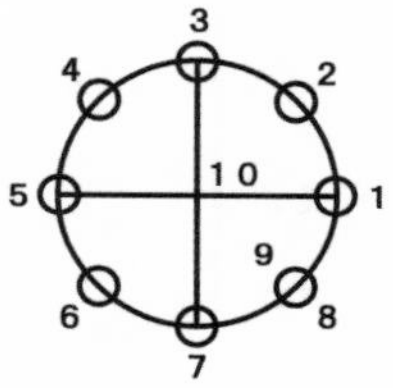

ヤタノカガミは、大円と小円と十字から成り立っています。
四十八音のコトタマは、ヤタノカガミを分割して作られています。
大円があるのは、有限アマの循環の世界にあることを意味します。
小円は発生するマリであり、
マリの発生するトコロが、意味のポイントになります。

コトタマの図象を(一)〜(四)に分類し、
コトミ(コトタマの意味)とのつながりを次にまとめました。
コトミ表を理解するための資料としてお読みください。

(一) 小円のない図象

1 大円もない図象（無限を示す）

ト ＋：十《じゅう》を意味します。

カムウツシとアマウツシが「統合」しており、

具現したカムの精神を示します。

2 大円のある図象（アマの循環を示す）

①大円の図象

ワ ◯：「調和」するアマの循環を意味します。

膜を持つ「マリ」や「磁気」の発生も表します。

②大円にアマウツシラインがある図象

タ ⊖：循環するアマが「分かれ」て「独立する」ことを意味します。

【タカ】とは「分かれた力」であり、

位置の持つポテンシャルを意味します。

③大円に二重カムウツシラインがある図象

リ ：循環するアマが、強烈なカムウツシにより「離れる」ことで、陰陽が「対向」することを意味します。

【マリ】とは「マから離れた」小円です。

④大円に二重カムウツシとアマウツシのある図象

サ ：循環するアマが、分かれていく時に、「遮り」、「裂く」、強烈な「カムウツシ」により、アマとカムの「差」が発生します。

⑤大円にカムウツシと二重アマウツシのある図象

キ ：循環するアマは、カムウツシを受け、「アマウツシ」による強烈な「エネルギー」を「発生」します。

【トキ】とは「統合されて発生するエネルギー」です。

⑥大円に二重カムウツシと二重アマウツシのある図象

ヰ ：「ゐ」のカタカナ表記です。
循環するアマが、強烈なカムウツシを受け、生じた差により、強烈なアマウツシのエネルギーを出します。差によるエネルギーの発生が、カタカムナの「本質」であり、マコトの「存在」なのです。

(二) 小円が1つの図象

1 ヒ(根源)に小円がある図象(レは例外)

ヒ ：潜象世界の「根源」であり「陽」を意味します。
「火」「秘」「玄」などの漢字でも示されます。

ア ：あらゆる「生命」が、潜象の根源から「始まり」、「感動」を生みます。

【アマ】とは「生命の始まりとなるマ」を示します。

カ ：根源で働くカムの「チカラ」を意味します。

【カム】とは「力の拡がり」であり「無限」を示します。

レ ：潜象世界に「消失」することを意味します。
マリがつくの用例も見受けられますが、
「カタカムナウタヒ」のレには、マリはありません。
マリは「消失」するので必要ないのかもしれません。

2　フ（振動）に小円がある図象

フ ：潜象世界で、二つに「増え」て「振動」することを意味します。
核からのエネルギー補給が、半分のアマウツシラインで表されています。
「ク」との相違点は、エネルギーの補給にあります。

【フト】とは「二つのものが振動し統合する」ことを示します。


ク：潜象世界で、振動しながら「引かれ寄る」ことです。

くぼむ（核に戻る）力であり、「反転」を意味します。

楢崎氏は、クを「自由」と訳しましたが、
それは、反転すると、結果として自由になることだと思います。

「ククル」「クミ」「クモ」などの日本語の用例を見る限り、

「引かれ寄り、反転する」が、本質的な意味として適切です。

楢崎氏は直観に秀でた人です。しかし、盲信はしないで、
日本語の用例にあたり、吟味する姿勢が大切だと思います。


【クニ】とは「引かれ寄り、圧力により定着した」ものです。

ヱ：「ゑ」のカタカナ表記です。
現在、「ゑびす」などとわずかに残っています。

潜象の表において「増殖」すると、「届く」ことになります。

3　ミ（ゆらぎ）に小円がある図象

ミ ：三であり、潜象世界における「実質」を意味します。
「身」「実」「美」などの漢字があります。
「光子」であり、「ゆらぐ」ことにより、光になります。

【カミ】とは「力のゆらぎ」を意味します。

ウ ：実質がゆらぎ、表世界へ「変換」して「生まれる」ことを意味します。

チ ：実質がゆらぎ、統合して「凝縮」し、「持続」することを意味します。

ラ ：実質がゆらぎ、裏世界から表世界へ転換して「あらわれる」ことであり、「場」が出来ることを意味します。

4　ヨ（整う）に小円がある図象

ヨ ：四を意味します。
すべてが拮抗して「中性」になると、
現象化の「用意」が「整い」ます。
【ヨミ】とは「中性のゆらぎ」であり、光になる前の混沌状態です。
楢崎氏は「四光子」と訳しました。

ヘ ：表世界で用意が整い、「ヘリ」の「方向」に向かい「酸化」します。

ユ ：用意されたものが整うと、現象の表へ「湧き」ます。

ヲ ：現象の表へ出る用意が整い、カムウツシを受けることで、
「変異」し「奥に出現する」のです。

5　イ（意）に小円がある図象

イ ：五を意味します。

「希求」する「陰」（現象）の「微粒子」を意味します。

希求する微粒子は「意」を持ちます。

【イマ】とは「微粒子のマ」を意味します。

シ ：現象世界での「示し」であり、「結果」を意味します。

ソ ：潜象世界から「素粒子」が「外れ」て、示されます。

【ソコ】とは「素粒子が外れ転換する」ことで「膨張」します。

ン ：素粒子はカムの「真意」を示します。

6 ム(拡がる)に小円がある図象

ム ：六であり、「拡がる」意味を持ちます。
裏世界に拡がると、目には「見えない」です。

オ ：「奥深く」六方に拡がり「立体化」することを意味します。

7 ナ(核)に小円がある図象

ナ ：七であり、裏世界で、「拮抗」し、
飽和するまで、ゆらぎを「繰り返し」ます。
繰り返すと、密度が濃くなり「核」となります。

ニ ：表世界から、裏の核に「圧力」がかかると「定着」します。

8 ヤ(飽和)に小円がある図象

ヤ ：八であり、裏世界における「飽和」を意味します。
飽和は、反転を起こす直前の「極限」状態です。

ス
：裏世界で飽和し「一方へ進む」と、
「透き通り」、「還元」します。

ヌ
：裏に「潜在」し、飽和すれば、転換を求めて、
「突き抜く」エネルギーを生みます。

【ヌシ】とは「潜在して突き抜く示し」を意味します。

（三）小円が二つある図象

1　ヒ（陽）と、イ（陰）に小円がある図象

ハ
：アマウツシラインの両端の「陰陽」が対向し「引き合い」ます。
「歯」「葉」「端」などは、全て引き合う形です。

ホ  ：両端で引き合う「ハ」のアマウツシラインを、
カムウツシがつらぬき、陰陽が「引き離され」ます。
「遠くて近いは男女の仲」と言われるように
引き離されると、差により、陰陽は求め合い「親和」します。

ル  ：現象世界の陰と、潜象世界の陽が、拮抗し「留まる」ことは、
物事の「安定」を意味しています。

2　フ（振動）とム（拡がり）に小円がある図象

「空間ライン」を持つと表現します。
「アマウツシライン」が四十五度傾いて回転し
「立体化」が加速することを示します。

ロ  ：カムウツシラインと、空間ラインをもちます。
フ（二）の振動と、ム（六）の拡がりのある「空間」を示します。

【トコロ】とは「統合し転換した空間」を意味します。

セ：ロ（空間）に、アマウツシが加わった状態を示します。
空間があると様々なモノを「引き受ける」ことができます。
例えば、荷物を引き受ける場所としては「背」があります。
しかし、アマウツシをたくさん引き受けると、
ボテンシャルが高まり、空間は「競《せ》る」状態になります。

3　ミ（ゆらぎ）とナ（拮抗）に小円がある図象

マ：ゆらぎ（ミ）と、拮抗（ナ）のある生きた「器」であり、「細胞」や「有限宇宙」を意味します。

【マカ】とは「有限の宇宙で、無限の力が働く」ことであり、重合互換を意味します。

テ：タと、マを合わせた図象です。

球として「提示」され、旋転して「発信」します。

エ ：実質のゆらぎ（ミ）と、拮抗する核（ナ）を、カムウツシがつなぎます。
遺伝情報が「うつる」には、カムウツシが必要です。

4 ヨ（整う）とヤ（飽和）に小円がある図象

生命の「ミスマルライン」を持つと言います。
「カムウツシライン」が四十五度傾き回転すると、
マカタマが「生命活動」を始めます。

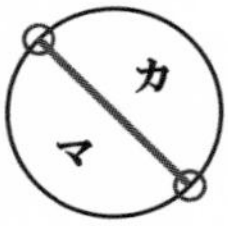

メ ：アマの世界が、カムウツシを受けて、「傾く」ことにより
「芽」を出し、目的を「指向」します。

ノ ：アマの世界におけるアマウツシにより、
「ゆっくり」と「循環」します。
循環により、「生命活動」が続き、「変遷」します。

モ

：アマウツシラインのみで、外枠の大円がないことから、循環ではなく「漂う」ことを示しています。
藻のように「重合」して「繁殖」します。

ケ

：カムウツシとアマウツシを受けて「変化」し「代謝」します。
「化」や「卦」や「毛」などの漢字があります。
整い飽和する代謝は「放出」から始まります。

5　ヒ（根源）とヤ（飽和）に小円がある図象

コ

：八（飽和）＋一（根源）＝九を意味します。
統合（十）に向けて、飽和から「転換」する過程です。

【コト】とは「九・十」であり、
転換し、統合を行う「核」の働きです。
モノを生み出す「本質」を意味します。

（四）小円が、ヒ（根源）・ミ（ゆらぎ）・イ（意）・ナ（拮抗）に、四つある図象

ツ：エと、ハの合成図象です。

カムウツシとアマウツシが、「集まり」、「発現し」ます。

楢崎氏は「個々の」と訳しましたが、

個々のマリは、全てが集約され発現した結果にあたります。

【ツチ】とは「集まり持続する」力であり、「核の力」です。

ネ：モとロ、あるいは、ケとセの合成図象です。

カムウツシとアマウツシにより、「充電」されます。

発現のエネルギーを「秘める」根の「源」の力です。

✿視点

カタカムナの四十八音は、「ヤタノカガミ」を分解したカタチです。

カタカムナ人の宇宙観では、「ヒ」（根源）を一番上の位置にしています。

ヤ（極限）に回帰すると、コト（フトマニ）に転がり入り、またヒから始まります。

カタカムナ人の宇宙観 1

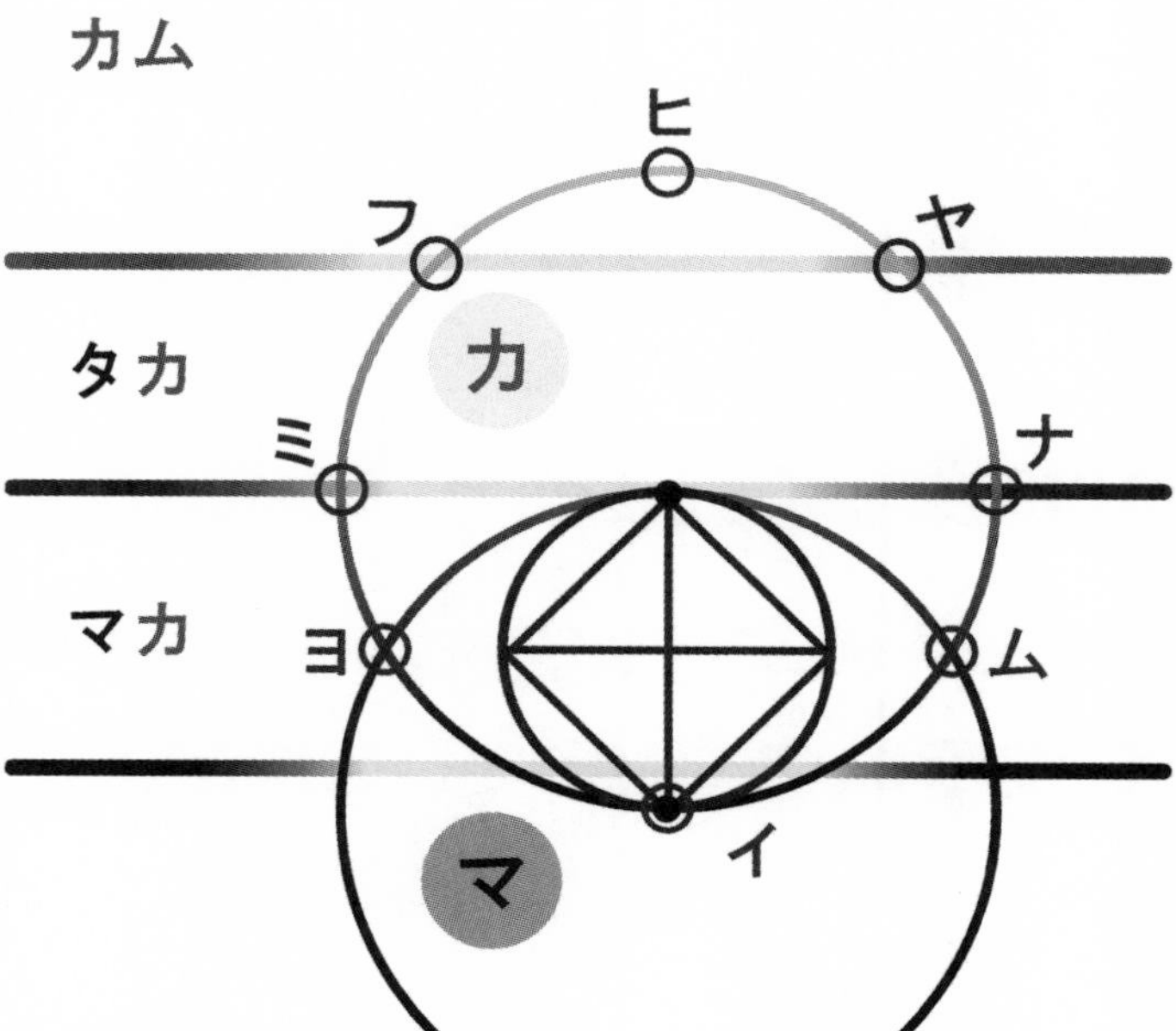

三　カタカムナウタヒ八十首の「構造」をつかむ

カタカムナウタヒ八十首とは、楢崎皐月が、昭和二十四年に、六甲の金鳥山において、平十字氏が持つ巻物の内容を、ノートに書写した文献資料です。

ウタヒはすべて「図象」で書かれており、楢崎氏は、後で図象に「読み」をつけ加えました。

図象は、日本語四十八音の一つ一つを示す「単図象」（楢崎氏は声音符とした）と、単図象を組み合わせた「複合図象」（楢崎氏は図象符とした）に分かれます。以後、単図象を「単象」、複合図象を「複象」と省略して書きます。

①第1～9首　単象（第2・3・9首は複象混入）
②第10～17首　複象
③第18～29首　単象（第18・20・21・26・27・28首は複象混入）
④第30～47首　複象
⑤第48～63首　単象（第48・52首は複象混入）
⑥第64～80首　複象

カタカムナウタヒは、六つのブロックに分かれており、単象グループと複象グループが交互に表れます。

楢崎氏は、古事記やウエツフミに記述された神名などをもとに、まず単象（声音符）の読みから確定して行ったと思われます。

第5・6首にある四十八音の読みが確定した段階で、①③⑤の単象は、混入する複象の読みを除いて、揺るがない読みとなりました。
⑥の第64~80首については、筆者読みの多くが古事記の神名に対応しています。神名対応については、最初に、ある古代史研究家の方からヒントをいただきました。この発見に、厚く感謝を申し上げたいと思います。
なお、この本では、①の第1~9首の解説だけをします。②~⑥の解説については、次回以降の本でする予定でいます。

第五章

カタカムナウタヒ第1・2・3首

全体のテーマは「コト」（カタカムナ）です。

各首のテーマと中心語は、タイトルに示しています。

第1首　宇宙の拮抗力　カタカムナ

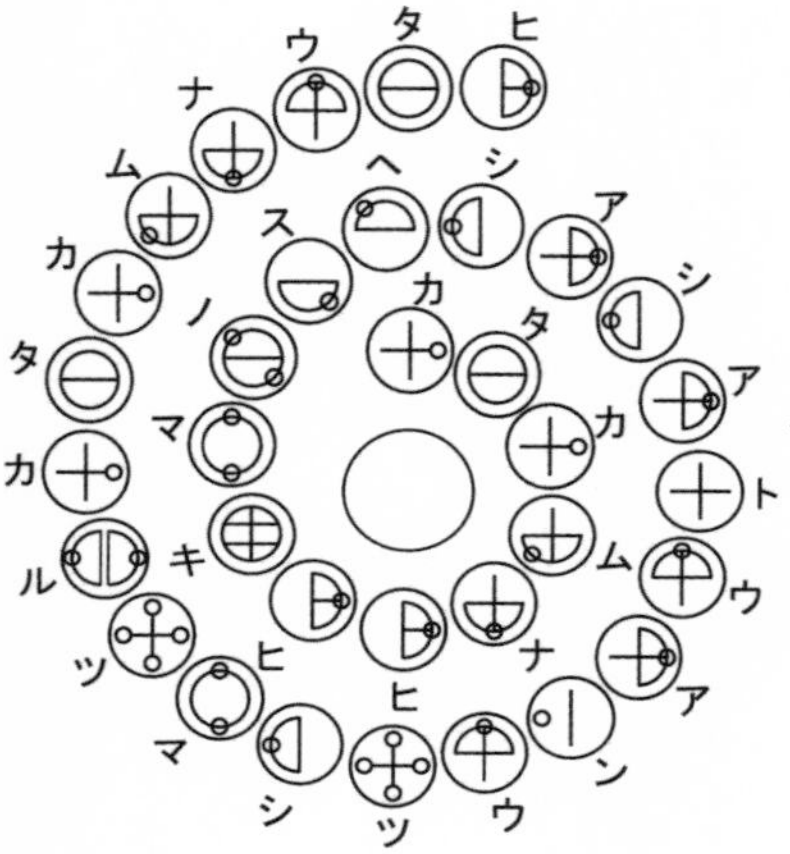

カタ　カムナ　ヒ　ヒキ　マ　ノ　スヘ　シ

現象と潜象が拮抗すると、コトが発生し、宇宙において互換し響きわたります。

アシ　ア　ト　ウ　アン

生命体は、コトの組み合わせにより新生命体を生み、進化をするのです。

ウ　ツ　シ

発生したコトが、現象化すると、

マ　ツ　ル

宇宙で顕在化してモノになります。

カタ　カム　ナ　ウ　タ　ヒ

現象と潜象の拮抗が、モノの根源にあるコトです。

✿考察

中心図象は、「ミクマリ」であり、第1首と第15首にしかありません。

「ミクマリ」とは「0を境に、ゆらぎ反転する中性のマリ」です。

楢崎皐月は、ミクマリを「全てが溶け込んでいる状態」と捉えました。

1 「カタカムナ」とは「現象と潜象の拮抗する核」を意味します。
「ヒヒキ」とは、

「ヒ（根源＝アマナ）と、ヒ（根源＝カムナ）のムカヒ（対向）による響きの発生」であり、

「コトの発生」を意味します。

「スヘ」とは「還元と酸化」であり「互換」を意味します。

互換とは互いに入れ替わることです。

スと、へを合わせると、ノ（循環）になります。

「マノスヘシ」とは、「宇宙の循環の示し」であり、

「コトが宇宙において互換し響きわたる」ことを意味します。

2

「アシ　アトウ　アン」は、ア（生命）で韻を踏み、生命の進化を表します。
「アシ」とは「生命の示し」であり「生命体」を意味します。
「アトウ」とは、「生命が統合し、変換し生まれる」ことであり、
「コトの組み合わせにより新しい生命体が誕生する」ことを意味します。
「コト」は、現象化すると「コトバ」や「遺伝子」になります。

「アン」とは、「生命の真意」であり、「進化」を意味します。

一般に「アシアトウアン」は、アシアの盟主の名前とされており、
アシアトウアンは天孫族と戦い敗北し九州に逃れたという伝説があります。
おそらくカタカムナ文明の本質である生命進化の方向性を、
アシアの盟主の名前として言い伝えてきた歴史があるのでしょう。

3

「ウツシ」とは「発生変換し、発現する示し」であり、
「発生したコトが現象化する」ことを意味します。

「マツル」とは「宇宙が発現し安定する」ことであり、「宇宙において顕在化したモノになる」ことを意味します。「祀る」・「祭る」・「纏る」・「奉る」などの意味が派生します。

4

「ウタ」とは「生まれ変換し分かれる」ことであり、「発生するモノ」を意味します。

古来より「歌」は、「心の奥底から生み出されたコトバ」であり、「生命力のあるモノ」と考えられました。

カタカムナにおいては、生物も物質も「コトバ」であり「モノ」なのです。

「ウタヒ」とは「モノの根源」にある「コト」を意味します。

✿視点

古語の「クマリ」とは、糸の「もつれ」を意味します。

「ミクマリ」とは、「ゆらぐもつれ」であり、限りなく「0」に近いマリです。

「0」に近いと、抵抗が少なくなり、

時空を超越した情報交換が瞬時に可能となるのです。

これが、「量子もつれ」によるシンクロの現象なのです。
映画「君の名は」における三葉と瀧は、
時空を超越し「ミクマリ」により情報の交換をしていました。

第2首　宇宙のゆらぎ　ヤタノカカミ

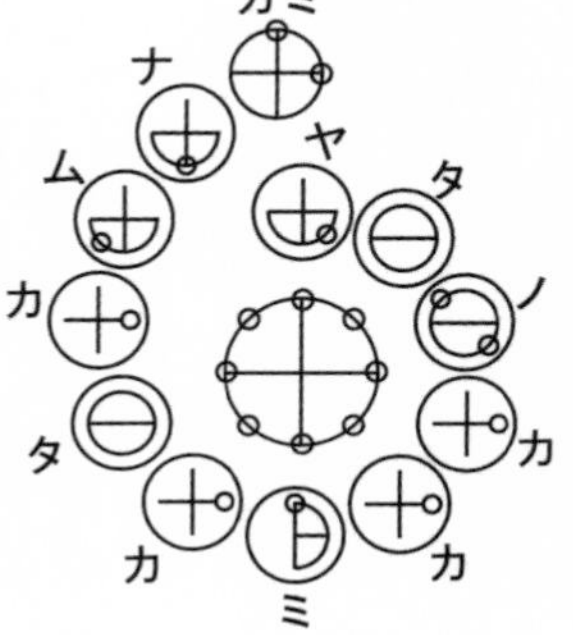

ヤ　タ　ノ　カ　カ　ミ

八つの次元が循環し、力が対向しゆらぐことは、

カタ　カム　ナ　カ　ミ

現象と潜象の拮抗する力がゆらぐことです。

✿解説

中心図象は「ヤタノカカミ」であり、
「潜象と現象における八つの次元のゆらぎ」がテーマになります。
ヤタノカガミは、第1首の「ウツシ」（渦を起こす）のゆらぎです。

1　「ヤタノ」とは「飽和して八段階に分かれ循環する」ということであり、
「八つの次元が循環する」ことを意味します。
「カカミ」とは「カムの力と力が拮抗しゆらぐ」ことであり、
「力が対向しゆらぐ」ことを意味します。
楢崎氏は、ヤタノカガミを「極限飽和安定律」の表象としました。

2　複象のについては、様々な読み方の候補があり、
①「カミ」②「カガミ」③「ウタヒ」④「カタチ」が考えられます。
カタカムナ人は、この複合図象を、どう読んだのでしょうか。
皆さんも考えてみてください。

①「カミ」は、「力のゆらぎ」を意味します。
「カミ」と読んだ場合、
「ヤタノカガミは、カタカムナの力がゆらぐことです」となります。
楢崎ノートの中で、楢崎氏は「カミ」と読み、
「起源である」と解釈されています。
「カミ」を起源と訳すならば、
「ヤタノカガミはカタカムナが起源である」となります。

②「カガミ」は「規範」の意味をもちます。
「カガミ」と読んだ場合、
「ヤタノカガミは、カタカムナのカガミと共振します」となり、
「二つのカガミが大宇宙の原型である」と解釈できます。
実は、物部神道に伝わる十種神宝の中に、
「オキツカガミ」と「ヘツカガミ」があります。
「オキツ」とは「カタチを発生させる」という意味であり、
「カタカムナ」にあたります。

「ヘツ」とは「外側へ発現する」という意味であり、
「ヤタノ」にあたります。
「オキツ」と「ヘツ」は、カタカムナウタヒの第45首以降に多く登場します。

③
「ウタヒ」は、第1首の最後に単象で出てきます。
「ウタヒ」と読んだ場合、
「ヤタノカガミは、カタカムナのウタの根源です」となります。

④
「カタチ」は、第5首に単象で初めて出てきます。
「カタチ」と読んだ場合、
「ヤタノカカミは、カタカムナのカタチです」となります。

まとめると、
①は、「カガミ」の説明が「ゆらぎ」によってできています。
②は、「ヤタノカガミ」自体の説明にはなっていません。
③は、「ヤタノカガミ」と「カタカムナ」の関係が明確でありません。

④は、「ヤタノカガミ」と「カタカムナ」の関係がよくわかります。
しかし、「カタチ」がここで唐突に出て来るところが難点です。
筆者は勘案の末に、楢崎氏と同じ「カミ」を採用しました。

✿視点

そもそも、カタカムナ人は、単象で全てを書かず、
なぜ、複象をわざわざ用いたのでしょうか。
複象は「様々な読みと解釈」を可能にします。
そこにカタカムナ人の教育的配慮を感じます。

私は、コトミと文脈を拠り所に、解読をしたいと思います。

第3首　ゆらぎの統合　フトマニ

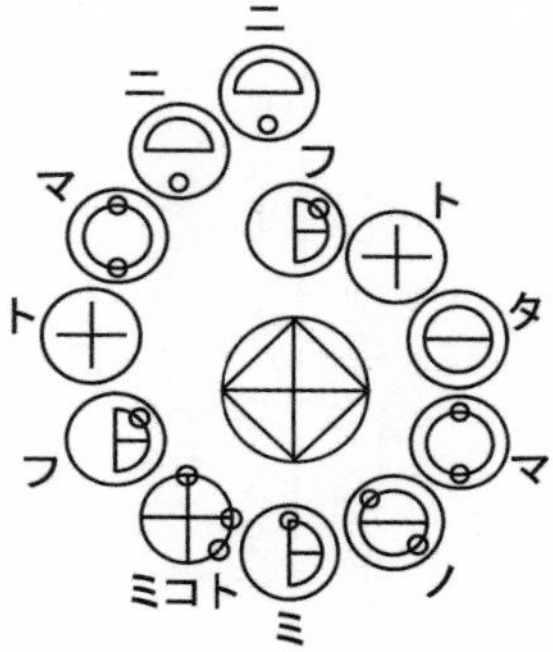

フ　ト　タマ　ノ

潜象核と現象核の統合した球が循環すると、

ミ　ミ　コ　ト

実質が、ゆらいで転換し統合して生命となります。

フ　ト　マ　ニ　ニ

2つの核を統合した細胞に圧力がかかると、新しい生命が宿ります。

✿解説

中心図象は「フトマニ」であり、
ツルギ（和合の象徴）の断面を示しています。
ツルギとは、コトタマのエネルギーです。
第1首の「マツル」（顕在化を起こす）力とも言えるでしょう。

1
「フト」とは「二つが重なり振動して統合する」ことであり、
「潜象核（カムナ）と、現象核（アマナ）の統合」を意味します。
例えば、私たちが「ふと思う」のは、
「潜象と現象の核が重なり統合してココロが発生する」からです。
「タマ」とは「分かれた宇宙」であり、「球」や「霊」を意味します。

2

「ミ」とは、二つの統合によって「ゆらぐ実質」であり、三を意味します。

実質にあたる漢字には「身」「実」「味」があります。

「コト」とは「九・十」であり、

「転換し、統合する」核の働きを意味します。

「ミコト」は、一つだけ複合図象で示され、強調されています。

「ミコト」とは「実質がゆらいで転換し統合した生命」なのです。

3

「フトマニ」とは、

「潜象と現象の核が重合し統合して、器に圧力がかかる」ことであり、

「2つの核が統合すると、細胞に圧力がかかる」ことを意味します。

「ニ」を繰り返すことで、「新しい生命が定着し宿る」ことを示します。

✿視点

カタカムナ人の宇宙観2について説明します。

ミ（ゆらぎ）でつながっている「カミとミコト」の関係に着目してください。

それは、カ（力）でつながっている「タカとマカ」の関係でもあります。

アマは、タカに反転してカミを生み、マカで重合し、コトタマとなり、ハラで陰陽のモノとして発現し、アマに還元します。

カタカムナ人の宇宙観 2

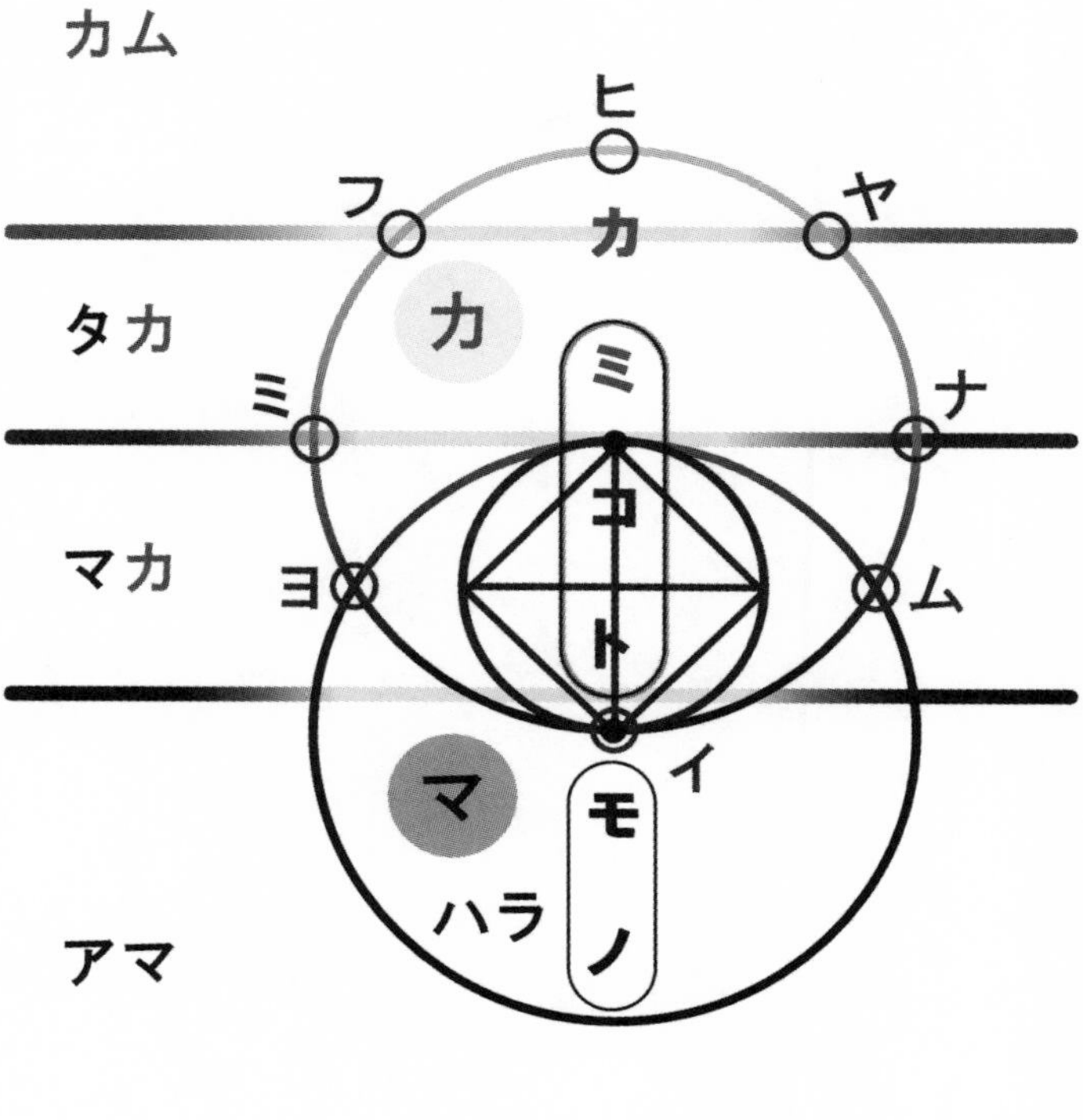

第六章　カタカムナウタヒ第4・5・6首

全体テーマは「コトタマ」です。

第4首　カタカムナの働き　コトホクシ

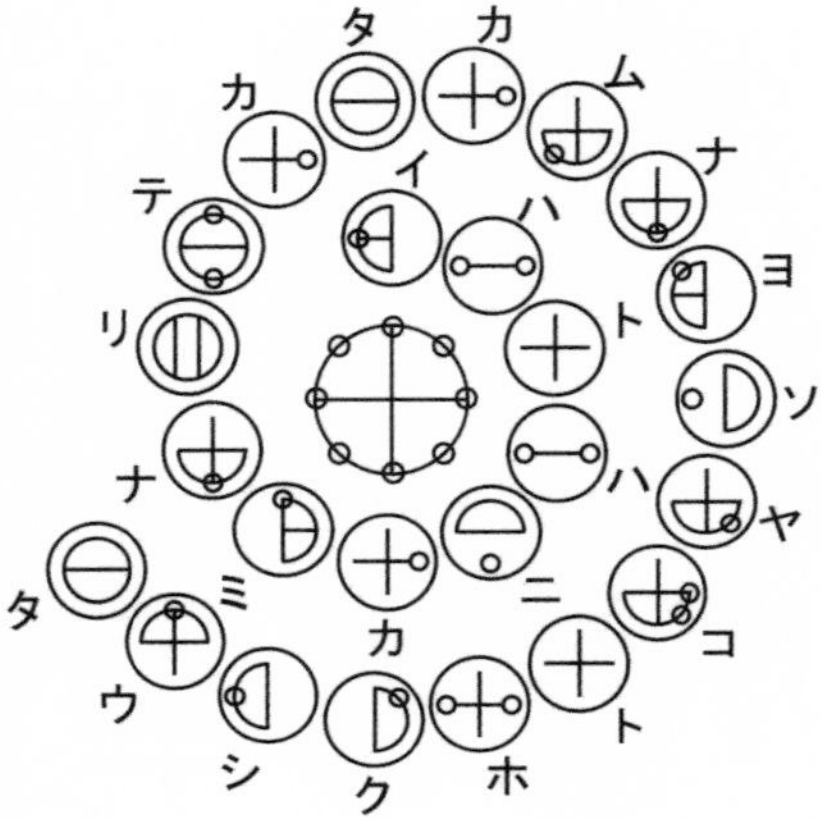

イ　ハ　ト　ハ　ニ

静電気が、蓄電され、圧力がかかると、

カ　ミ　ナ　リ　テ

力のゆらぎが、核で起こり、放電することで、

カタ　カム　ナ

現象と潜象が拮抗するミクマリができます。

ヨソヤ　コトホク　シ　ウタ

四十八のミクマリは、再統合されてタマとなり、モノになります。

✿解説

第3首が「フトマニニ」で終わり、第4首は「イハトハニ」から始まります。

「ニ」は「電圧」の高まりであり、「放電による中和」を目指します。

「ウタ」は「カタカムナウタヒ」から発生します。

1

「イハ」とは「微粒子の陰陽」であり「静電気」を意味します。
「トハ」とは「統合する陰陽」であり「充電」を意味します。
「イハトハニ」とは「静電気が充電され圧力がかかる」ことです。

2

「カミ」とは「カムミの発生」であり「力のゆらぎ」を意味します。
カミには「上」・「神」・「髪」・「紙」・「噛」の漢字があります。
「カミナリテ」とは「カムミが核で発生し、発信する」ことであり、
「力のゆらぎが核で起こり放電する」ことを意味します。
自然界における雷現象は「カミナリテ」の相似象であり、
「電位差の中和を目指し放電が起こる現象」を意味します。

3

「ヨソ」とは「中性の素粒子」であり「ミクマリ」です。
「ヨソヤ」とは「四十八」であり、「ミクマリの極限」を意味します。
「コトホグシ」とは、
「転換する統合が引き離され反転し示される」ことです。
「ホグシ」には「解（ほぐ）し」と、「祝ぐ（ほぐ）示し」がかけられています。

「ヨソヤコトホグシ」とは、
「四十八のミクマリが再統合されてタマになる」ことを意味します。
「ウタ」とは「生まれ分かれたモノ」です。

第5首　重合互換する生命　アウノスヘシレ

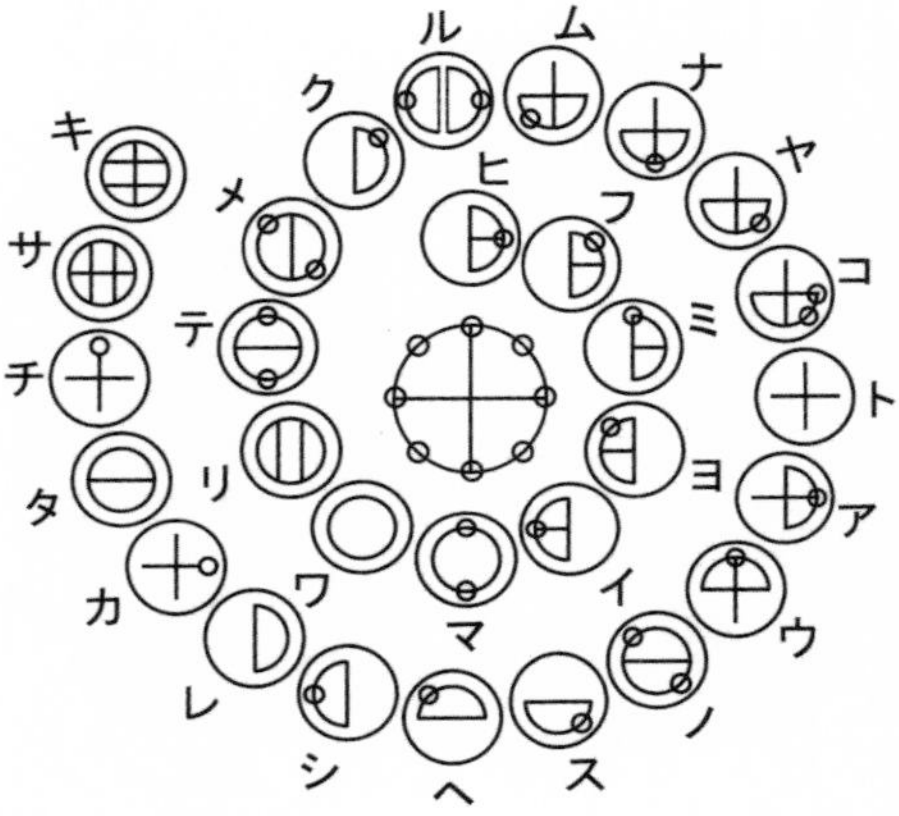

ヒ　フ　ミ　ヨ　イ

根源が、振動すると、実質がゆらぎ、中性のマリからタマが発生します。

マワリ　テ　メ　ク　ル
タマは自転して発信し、傾き、反転し、安定する中で、
ム　ナ　ヤ　コ　ト
拡がり、拮抗し、飽和して、転換し、統合をして公転します。
アウノ　スヘ　シ　レ
生命は、重合互換により営まれ、発生と消滅を繰り返しています。
カタチ　サ　キ
形の維持は、カムウツシとアマウツシによってなされます。

✿解説

「カタカムナ人の宇宙観2」を見てください。
「ミはカミの領域、ヨはコトの領域、イはモノの領域」に
それぞれ対応しています。

1
「ヒフミヨイ」は「表の世界」における「発生・酸化の過程」です。

2
熱した鉄板の上に水を垂らすとどうなるでしょうか。
水は、形状を保ちやすい球となり、蒸発するまでまわり続けます。
「マワリテ」とは「器がマリとなり離れ発信する」ことであり、
「タマが旋転運動をする」ことを意味します。
「メクル」とは「傾き反転して安定する」ことであり、
「循環してモノが出来る」ことを意味します。
「捲《めく》る」は、反転であり、「巡る」は、循環を表しています。
メビウス運動と考えるとわかりやすいでしょう。
全てのモノは「マワリテメクル」運動をしており、
地球（チタマ）の自転公転運動は、その相似象です。

3
「ムナヤコト」は「裏の世界」における「消滅・還元の過程」です。

4

「アウノスヘ」とは、

「生命が発生しゆっくりと一方に進み方向性を持って循環する」ことであり、

「生命活動が重合互換により行われる」ことを意味します。

「シ」とは「示し」であり、現象界での「発生」を意味します。

「レ」とは「消失」であり、潜象界への「消滅」を意味します。

イノチとは、刻々生きながら死に、死にながら生きている状態であり、

「アウノスヘシレ」そのものです。

5

「カタチ」とは「力が分かれ持続する」ことであり、

「形状」を意味します。

サはであり、カムウツシです。

キはであり、アマウツシです。

合わせると井で「本質」となります。

「カタチサキ」とは、

「形状が、カムウツシとアマウツシにより持続する」ことを意味します。

第6首　発生する力　ハエツヰネホン

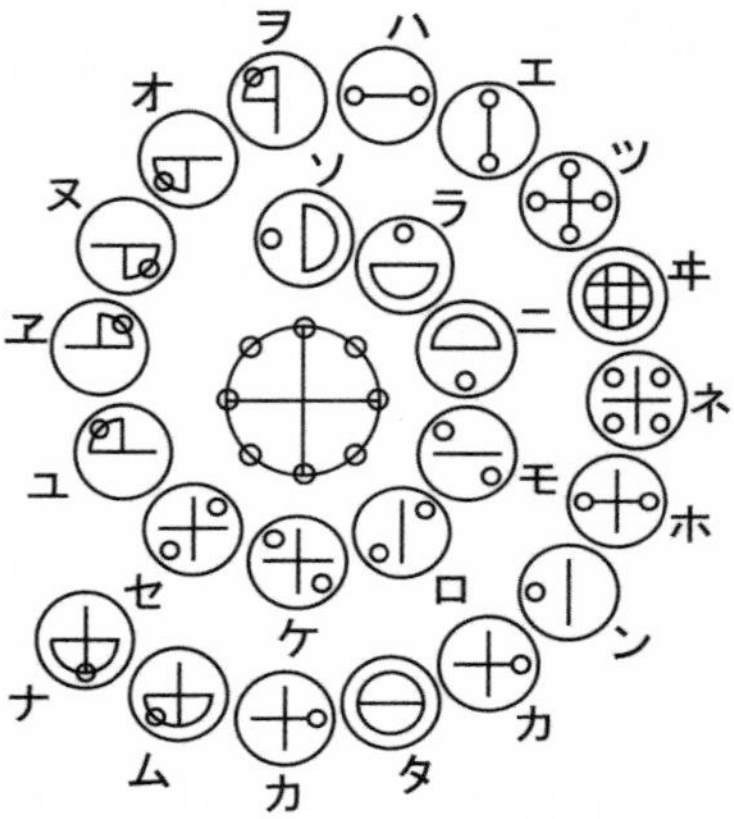

ソ　ラ　ニ

素粒子の場に圧力がかかり、ゆらぎが生じ、

モ　ロ　ケ　セ

漂い、空間化し、変化し、競ることで、充電され、

ユ　ヱ　ヌ　オ　ヲ
湧き出し、膜に届き、突き抜き、奥深く進んで、奥に出現します。

ハエツ　ヰ　ネ　ホ　ン
全てのモノは、存在する力を秘めて生まれてきます。

カタ　カム　ナ
現象と潜象が拮抗する核がモノの発生源です。

✿解説
カタカムナとは、四十八音のコトなのです。

1　「ソラニ」は「素粒子の場に圧力がかかる」ことであり、
0の真空宇宙に圧力がかかり、ゆらぎが生じることを意味します。
ソ・ラ・ニの図象は、組み合わせると、「イマ」と同じ図象となります。
宇宙圧力によるゆらぎが、無常のイマを作っています。

2

「モ・ケ」は「ミスマルライン」を持ち、
「有機質である生命の活動」を示します。
「ロ・セ」は「空間ライン」を持ち、
「無機質を含む全てのモノの生成」を示します。
「モロケセ」は「漂い、空間化し、変化し、競《せ》る」という「ゆらぎ」であり、
「有機質と無機質の重合互換」を示しています。
モ・ロ・ケ・セの図象を組み合わせると「ネ」（充電）と同じ図象となります。
「充電」は「圧力のかかる0のゆらぎ」によってなされます。

3

「ユヱヌオヲ」の図象は、ポイントのマリが4から始まり、
ヨミ（反転）廻りして、元の4で終わります。
生物学的には、
「精子が湧き、卵子に届き、卵膜を突き抜き、核に到達し、受精する」という
「生殖の過程」を示します。
「ヲ」の図象は、準備が整う4と、縦のカムウツシラインを持っており、
新しい生命が宿る「受精」を意味します。

4

「ハエ」は「生え」「映え」「栄え」の漢字があります。
「ハエツ」とは「陰陽として反映し、発現したもの」であり、
「全てのモノ」を指します。
「ヰネホン」とは「本質が充電され、引き離される真意」であり、
「存在する力を秘めて生まれてくる」ことを意味しています。

5

「カタカムナ」とは「現象と潜象が拮抗するコト」にあたります。
コトが、モノの発生源なのです。（第1・4首参照）

第七章　カタカムナ大周天の実習

「カタカムナ大周天」は、宇宙と感応し、魂を浄化するシステムです。
四十八音を、人体の7つのチャクラ+頭上の第8チャクラに対応させました。
第五首は、1～5であり、1の仙骨から、ヒ・フ・ミ・ヨ・イと始めます。
カタカムナウタヒの基本は、一音一音を区切って、ゆっくりと詠むことです。
まず、第1チャクラの仙骨で、ヒ・フ・ミ・ヨ・イと、
小さな左回りの渦を起こします。
その時に、一音一音のコトミ（コトタマの意味）を味わい、長く響かせてください。
大周天では、「チャクラ」と「ヒビキ」と「コトミ」を一致させることが大切です。
第2チャクラにおいて、マ・ワ・リ・テ・メ・ク・ルと、
上昇する左回りの渦を起こし、コトミを味わいます。
第3チャクラにおいて、ム・ナ・ヤ・コ・ト、

カタカムナ大周天　トーラス

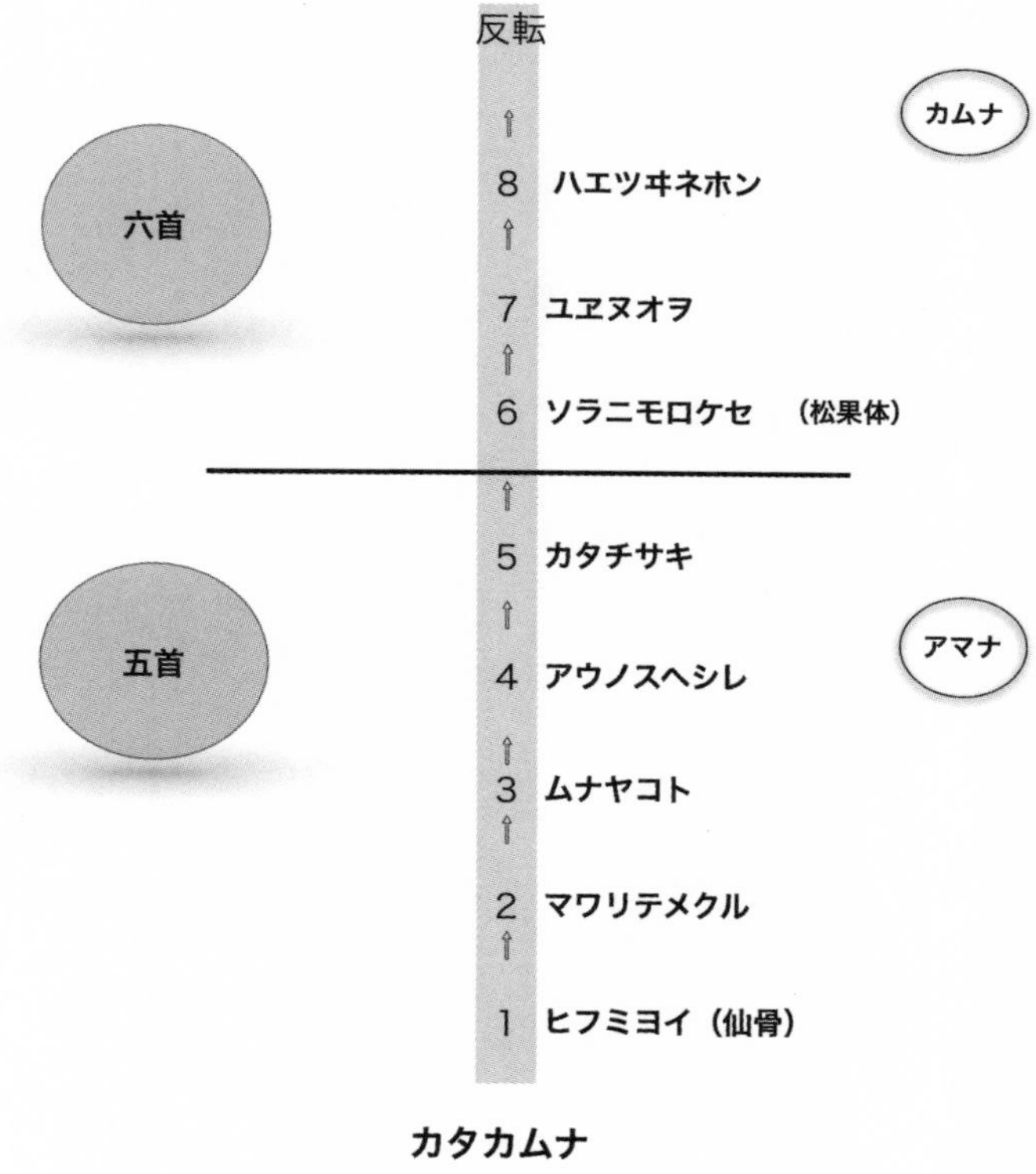

第4チャクラにおいて、ア・ウ・ノ・ス・ヘ・シ・レと、
上昇する左回りの渦を起こし、コトミを味わいます。

ここは、ハートチャクラのアマナであり、
カムナと出会う感覚があるかもしれません。
そして、アマナとカムナの交差する分岐点である、第5チャクラにおいて、
カタチサキと響かせ、コトミを味わいます。

次からは、第六首であり、カムナの領域へ入っていきます。
第6の眉間チャクラ（松果体）において、
ソ・ラ・ニ・モ・ロ・ケ・セ　と響かせ、コトミを味わいます。
第7の頭頂チャクラにおいて、ユ・ヱ・ヌ・オ・ヲと、
上昇する右回りの渦を起こし、コトミを味わいます。
カムウツシにより反転が起こる「ヲ」は、「ヲー」と間を長くとってください。
第8の頭上チャクラで、ハ・エ・ツ・ヰ・ネ・ホ・ン　と、
大きく右渦を広げ、コトミを味わいます。

最後に「カタカムナ」で、意識を無限大に広げ、０にします。
「ナ」は、「ナー」と間を長くとってください。

第八章

カタカムナウタヒ第7・8・9首

全体テーマは「生命活動」です。

第7首　生命活動

ミスマルノタマ

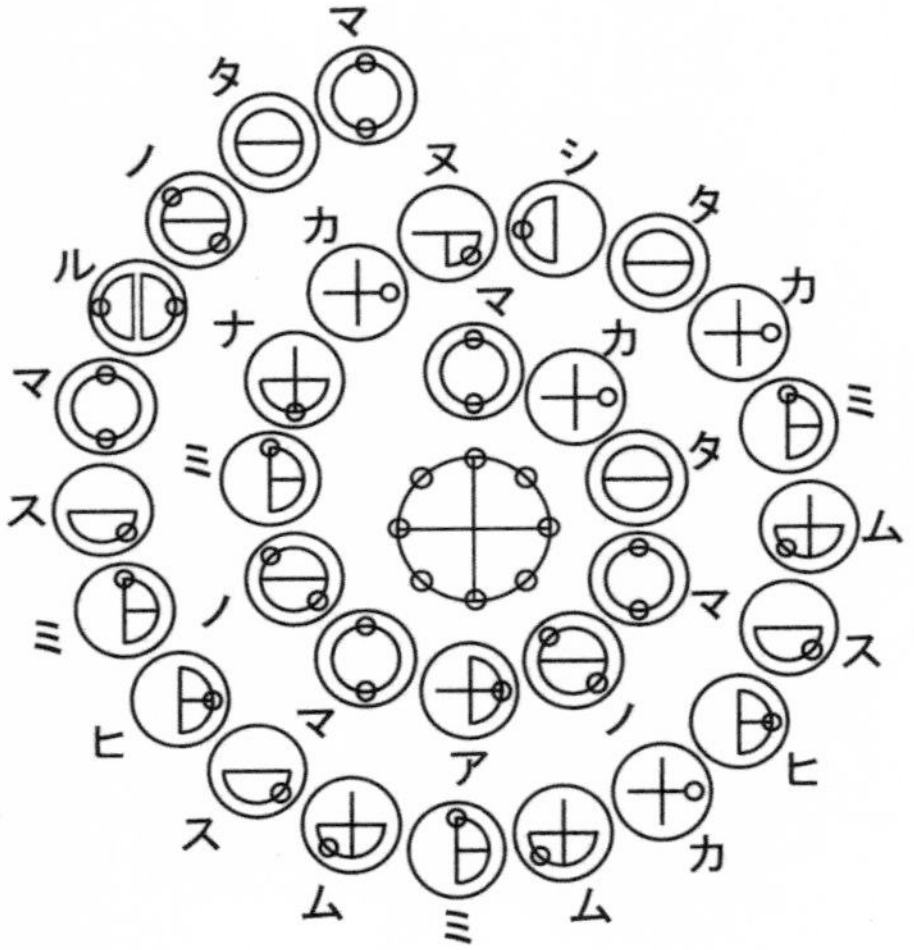

マ　カ　タマ　ノ

有限宇宙に無限の力が働き、球となり循環し、

アマノ　ミ　ナカ　ヌ　シ

宇宙のゆらぎの中心に存在する核において、

タカミ　ムスヒ

現象化への発展力と、

カムミ　ムスヒ

潜象化への発展力が働き、

ミスマル　ノ　タマ

メビウスの循環をする双珠になります。

✿解説

生命活動は、古事記の冒頭に書かれた造化三神の働きにより始まります。

1

「マ」とは「器」であり「有限宇宙」にあたります。

「カ」とは、無限のカムの「力」です。

「マカタマノ」とは、

「有限宇宙で無限の力が働き、球となり循環する」ことを意味しています。

楢崎氏は「マカタマ」を「互換重合する宇宙球」と捉えました。

2

「アマノミナカヌシ」とは、

「生命の器で循環し、ゆらぎ拮抗する核の力が貫く示し」であり、

「宇宙のゆらぎの中心として存在する核」を意味しています。

3

「ムスヒ」とは「拡がり一方に進む根源」であり、「発展力」を意味します。

「タカミ」とは「位置の重力」であり、「マカ」に下り「現象化」を起こします。

「タカミムスヒ」とは、重力による「現象化への発展力」を意味します。

4　「カムミムスヒ」とは「力が拡がり、ゆらぎを発生させる根源」であり、「潜象への発展力」を意味します。

5　「ミスマルノタマ」とは、「ゆらぎが一方に進み、器で安定して循環する生命球」であり、「メビウスの循環をする双珠」を意味します。

細胞は「ミナカヌシ」に「タカミムスヒ」と「カムミムスヒ」が働き、互換重合による対向発生で増殖します。

✿視点

『古事記』は、稗田阿礼が暗誦していた旧事を太安万侶がまとめたものとされます。

カタカムナの重要語は神名として古事記に伝承されました。

それでは、古事記の冒頭の書き下し文を掲載します。

天地初發《あまつちはじめ》の時《とき》、高天《たかま》の原《はら》に成《な》れる神《かみ》の名《な》は、天之御中主神《あめのみなかぬしのかみ》。

次《つぎ》に高御産巣日神《たかみむすひのかみ》、次《つぎ》に神産巣日神《かむむすひのかみ》。この三柱《みはしら》の神《かみ》はみな、
獨神《ひとりがみ》と成《な》りまして、身《み》を隠《かく》したまひき。
次《つぎ》に國稚《くにわか》く浮《う》きし脂《あぶら》の如《ごと》くして、海月《くらげ》なす漂《ただよ》へる時《とき》、
葦牙《あしかび》の如《ごと》く萌《も》え騰《あが》る物《もの》によりて成《な》れる神《かみ》の名《な》は、
宇摩志阿斯訶備比古遲神《うましあしかびひこぢのかみ》、次《つぎ》に天之常立神《あめのとこたちのかみ》。
この二柱《ふたはしら》の神《かみ》もまた、獨神《ひとりがみ》と成《な》りまして、身《み》を隠《かく》したまひき。
上《かみ》の件《くだり》の五柱《いつはしら》の神《かみ》は、別天《ことあま》つ神《かみ》。
次《つぎ》に成《な》れる神《かみ》の名《な》は、国之常立神《くにのとこたちのかみ》。次《つぎ》に豊雲野神《とよくもぬのかみ》。
この二柱《ふたはしら》の神《かみ》もまた、獨神《ひとりがみ》と成《な》りまして、身《み》を隠《かく》したまひき。

独り神とは、単独で誕生し、身を隠している七柱の神々です。
単独で身を隠しているというのは、
隠り世（常世）に存在することを意味します。
双神とは、類《たぐ》へる神、または、並び神とよばれ、五組の対偶神です。
対偶神とは、現つ世で、協力して生産をする神を意味します。
双神のイザナギ・イザナミによって国産みがなされます。

最初に誕生した神々（古事記）

別天津神《ことあまつかみ》（五神）	天之御中主神《アメノミナカヌシ》、高御産巣日神《タカミムスヒ》、神産巣日神《カムミムスヒ》（造化三神《ぞうかさんしん》）	独神《ひとりがみ》
	宇摩志阿斯訶備比古遅神《ウマシアシカビヒコヂ》、天之常立神《アメノトコタチ》	
神世七代《かみよななよ》	国之常立神《クニノトコタチ》、豊雲野神《トヨクモノ》	
	ウヒヂニ・スヒヂニ／ツノグヒ・イクグヒ／オホトノヂ・オホトノベ／オモダル・アヤカシコネ／イザナギ・イザナミ	双神《たぐへるかみ》

第8首　精神の結晶化　トキオカシ

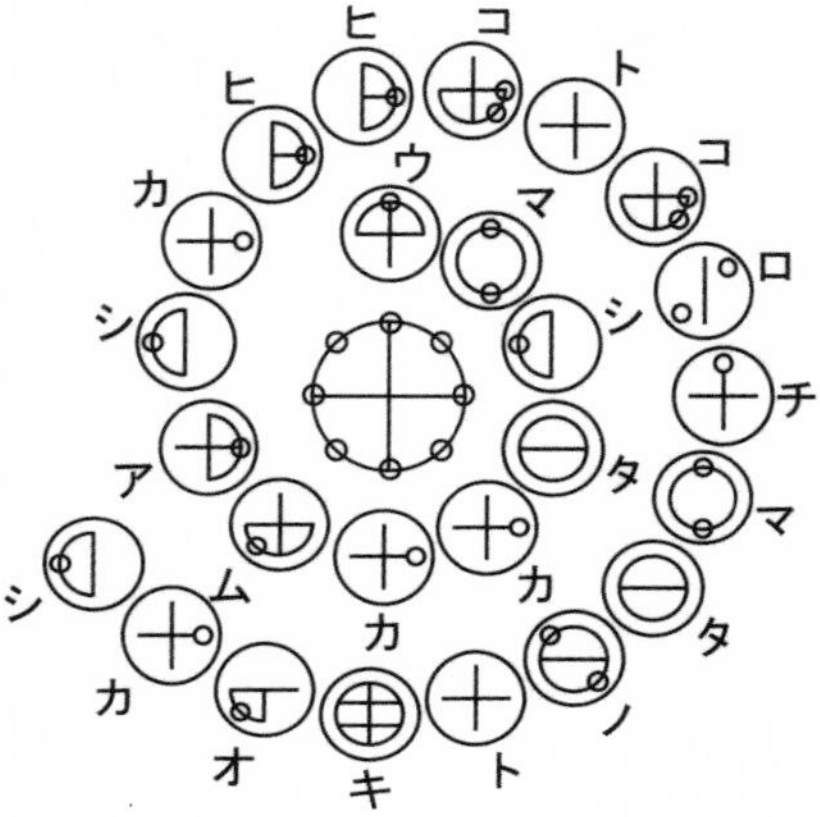

ウマシ　タカ　カム
始元宇宙に、位置エネルギーと無限の精神の力が関わることで、

アシ　カヒ　ヒコ
生命体が生まれ、潜象核と現象核の対向により、増殖します。

トコロ　チマタノ
マリ（素粒子）が生まれ、あちこちでタマになるのは、
トキ　オカシ
統合のエネルギーが、結晶することです。

✿解説

第7首を踏まえて、生命体が増殖する仕組みを明示しています。

1　「ウマシ」とは「生まれる宇宙の示し」であり「始元宇宙」を意味します。
「始元宇宙」とは「ミクマリ」であり、
「アマノミナカヌシ」として働きます。
「タカ」とは「分かれた力」であり、
「有限のアマ」が「反転」した「位置エネルギー」です。
「タカミムスヒ」は、タカの働きです。

「カム」は「力の拡がり」であり「無限精神の力」です。
「カムミムスヒ」は、カムの働きです。

2

「アシ」は「生命の示し」であり「生命体の発生」を意味します。
「カヒ」は「力と根源」であり「潜象核と現象核」にあたります。
「ヒコ」とは「根源から転換する」ことであり、
「増殖」を意味します。

3

「巷《ちまた》」は「あちらこちら」の意味で用いられています。
「トコロチマタノ」とは、
「統合し転換した空間が、持続した容れモノに分かれ循環する」ことであり、
「マリ（素粒子）が、あちこちでタマになる」ことを意味します。

4

「トキ」とは「統合化へのエネルギー」であり、
「カムウツシ」と言っていいでしょう。
「トキ」は、「モノコトを発生させる能動的な力」であり、

現代人が考える「受動的に流れている時間」とは大きく違います。
「オカシ」とは「奥深く立体化する力の示し」であり、
「結晶する」ことを意味します。

✿視点

楽しく集中をしていると、何時間も経っているのに、
「あっという間」と感じる体験をしたことがあると思います。
それが「トキの本質」であり、
時間に縛られない「精神の自由」なのです。
我々が、昔、味わった空間の体感が、
イマ、まざまざと立ち上がるのは、
我々の精神であるトキが、常に新しいイマに触れて、
トコロとして結晶するからなのです。
「トキオカシ」とは、「精神が結晶化して球になる」ことです。

第9首　イノチの脈動　トコタチ

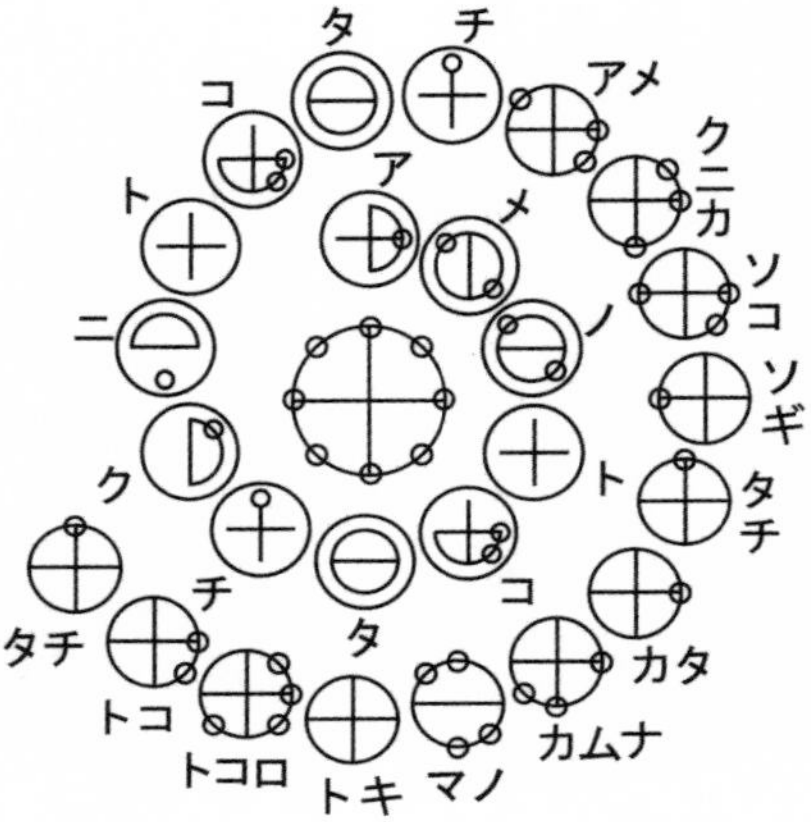

アメノ　トコタチ

カムミがゆらぐと、重合互換により脈動が続き、

ク　ニ　トコ　タチ

反転すると核の圧力が高まり、重合互換による脈動が続きます。

アメ　クニカ
カムミと、核の重合互換の力により、
ソコ　ソギ　タチ
膨張したり、収縮したりと　脈動が続くことで、
カタ　カム　ナ
現象と潜象が拮抗します。
マノ　トキ　トコロ　トコ　タチ
宇宙は、統合のエネルギーと、マリが重合互換することで脈動を続けます。

✿解説

この首の後半から、複合図象が本格的に始まっており、
第10～17首まで、複合図象となっています。

1
「トコタチ」とは「統合して転換し、分かれて持続する」ことであり、
「重合互換による脈動」を意味します。
「重合互換」とは「重ねて交換する」ことであり、
「膜」が持つ機能です。
「アメノ」とは「最初の生命の芽が循環する」ことであり、
「カムミのゆらぎ」を意味します。

2
「クニ」とは「引かれ寄り反転し、圧力により定着する」ことであり、
「核の働き」を意味します。

3
「アメクニカ」は「カムミと、核の重合互換の力」であり、
元素転換を起こします。
なお、「クニカ」は複合図象なので、「カグナ」と読むこともできます。
第28首の「カグナ」は「変異を起こす核」を意味します。

4

「ソコ」とは「素粒子が外れ、転換する」ことであり、
現象化して「膨張」へ向かいます。
「ソギ」は「素粒子が外れ、エネルギーになる」ことであり、
潜象化して「収縮」へ向かいます。
「タチ」とは「分かれて持続する性質」であり、
「脈動」を意味します。
例えば、心臓の脈動は、ソコソギのタチを表しています。
呼吸もソコソギタチと言えます。

なお、古事記には「ソコソギ」は出てきませんが、
『ウエツフミ』には、
アメノソコタチノミコト、クニノソコタチノミコト、
アメノトコタチノミコト、アメノソギタチノミコト、
クニノトコタチノミコト、クニノソギタチノミコト、
の神名記述があります。

5

「カタカムナ」は「現象と潜象の核の拮抗」の意味ですが、ウタヒの途中で、よく登場します。

楢崎氏は、調子を整える「合いの手」と表現しました。

確かに、ウタヒを一旦仕切り、まとめるときに使うようです。

6

「マノ」は「有限宇宙の循環」を示しています。

第8首で、「トキ」が「トコロ」を生むことを示した上で、第9首で、有限宇宙においては、「トキ」と「トコロ」が、「トコタチ」（重合互換による脈動）することを述べています。

✿視点

P149の「カタカムナ人の宇宙観3」を見てください。

「カミとコト」の境界膜で、「アメノトコタチ」が行われ、「コトとモノ」の境界膜で、「クニトコタチ」が行われます。

「ミコト」（命）は、「アメ・クニ」のトコタチで生まれます。

アメの領域の「トキ」は、クニで「トコロ」になります。

カタカムナ人の宇宙観 3

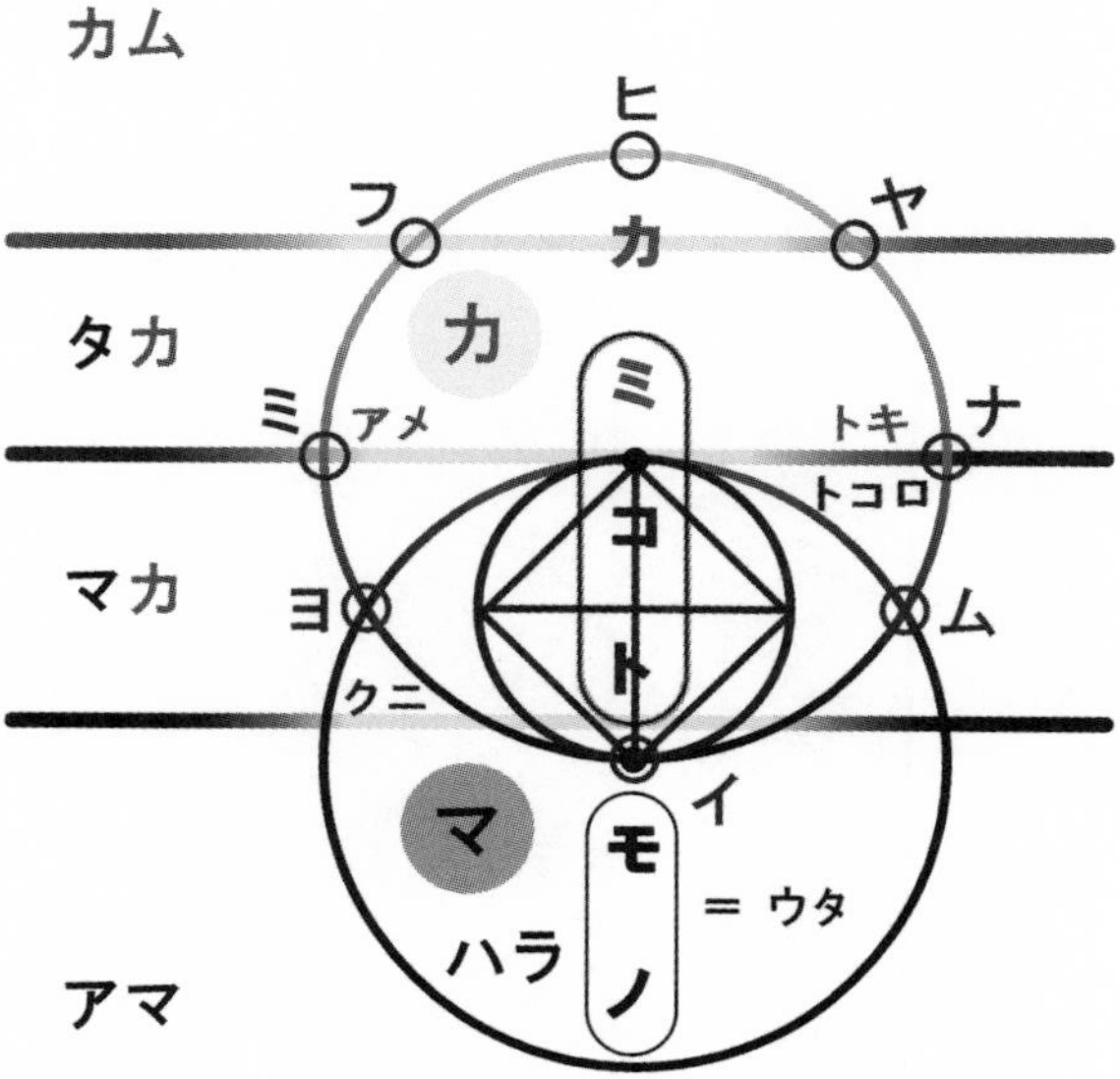

第九章　カタカムナウタヒ八十首の「読み」

楢崎氏は、カタカムナウタヒ八十首の読みや解読について、次のように述べています。

「カタカムナの解読については、随分苦労を積み、二十年前ようやく、
僕としては、こうでなけれりゃならん、と思えるものに読みつけたのであったが、
しかし、正直に言って、これが本当だ、という保証は何一つ無い。
他人には確信あるものと見えていただろうが、自分では、内心、
果たして、本当にこれでよいのかという問いかけを、ずっと持ち続けて来た。
だから、修正してよいのだ。
僕としては、自分の人生の最高のコンディションにある今、
この時を措いて、最高の決定を下すチャンスは無い。
決定といっても、僕の解読を決定的なものとして伝えようとするのでは無い。

もっと高度な意味が悟られれば、いつでも修正する気持は失わない」


私は、楢崎氏の精神に倣い、一から、ウタヒの解読に取り組む決意をしました。

一から取り組むとは、一音一音のコトミ（コトタマの意味）を感じ、古事記やウタヒの文脈に従い、用例にあたって「考える」ことです。


この度、「まず隗より始めよ」の精神に則り、図象の「筆者読み」を披露します。

筆者読みは、イマにおける読みですから、今後さらに良い読みが見つかれば、修正します。

解読をする中で、以下の3つの観点で「筆者読み」をつけました。
1　『古事記』『ウエツフミ』の神名や「確実な単象の読み」を拠りどころとすること。
2　カタカムナ人の教育的配慮に従い、なるべく同じ図象は同じ読みにすること。
3　ウタヒの文脈に沿い、コトミ（コトタマの意味）が通る読みにすること。

本居宣長も『師の説になづまざること』の中で、

「そもそも昔のことを考えるということは、

決して一人二人の力でもって何もかもを明らかにし尽くせることではありません」と述べ、師の説を理解した上で乗り越えることが学問の発展には必要だとしています。

これからカタカムナウタヒを研究される方が、先人を尊びながらも、先人の読みや解釈を鵜呑みにせず、

原典を自ら研究し、新しい読みや解釈を打ち出されることを願ってやみません。

楢崎氏は、次のようにも述べられています。

「カタカムナのサトリが、上古代の無名の哲人によって我々に伝えられたように、本当のモノが子孫に伝わるコトが大事なので、個人の名など問題でない」

楢崎氏は、素晴らしい仕事をされたにもかかわらず、

決してカリスマにならず、個人を崇め奉るような陶酔に人々を誘いませんでした。

著作に自分の写真を出したり、楢崎先生と書かれるのさえ違和感を感じておられました。

私は、無我の精神を持つ楢崎氏を心から尊敬します。

第1首

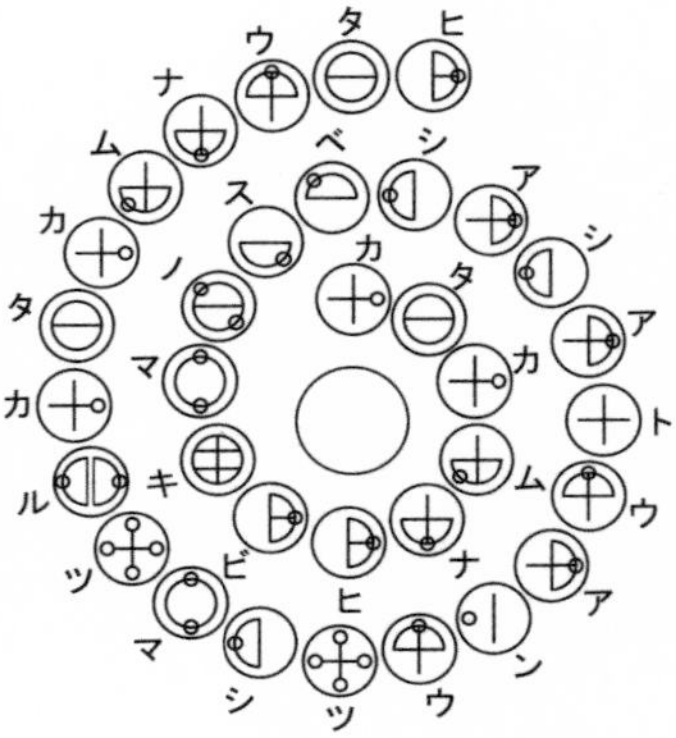

第2首

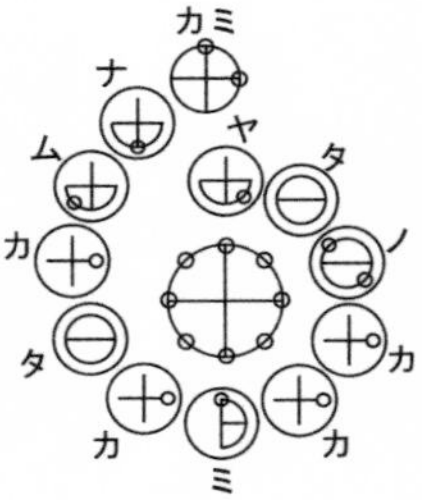

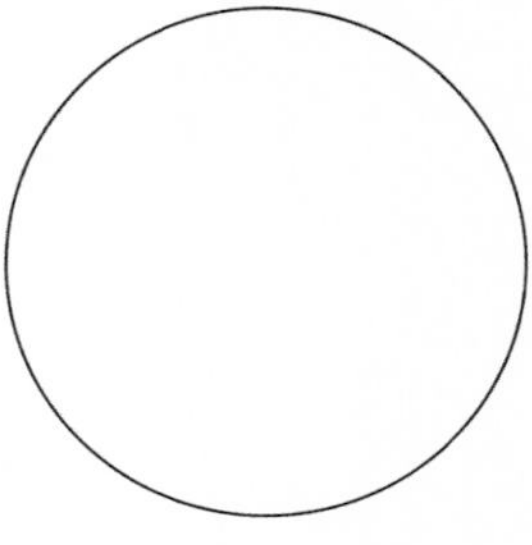

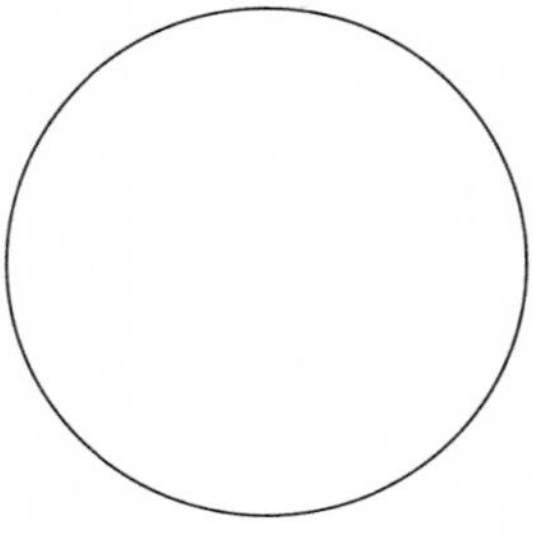

第3首

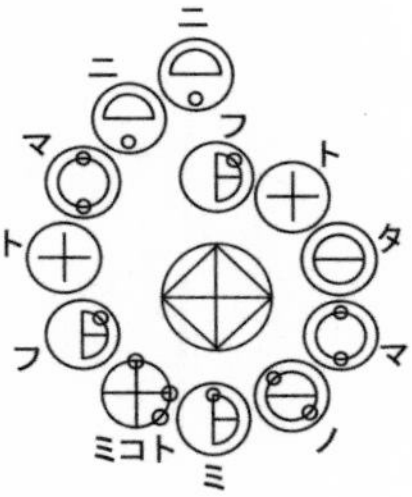

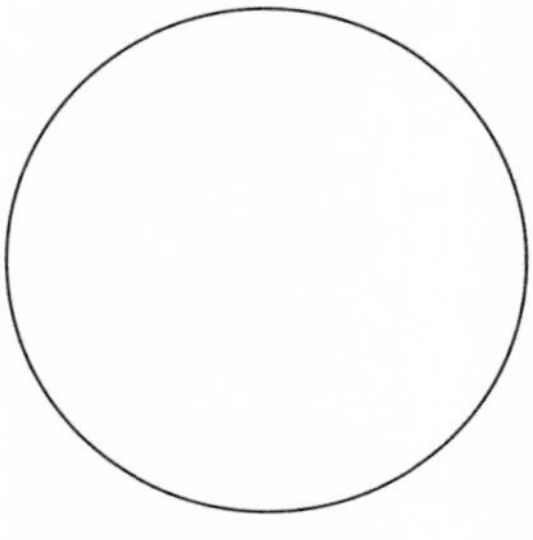

第4首

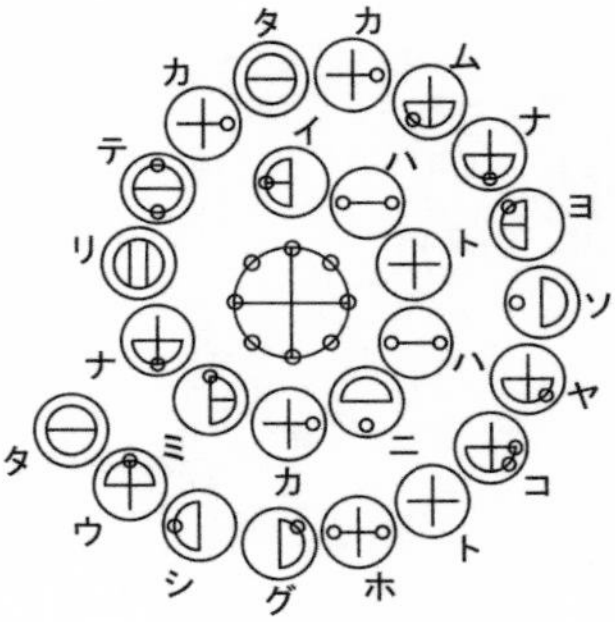

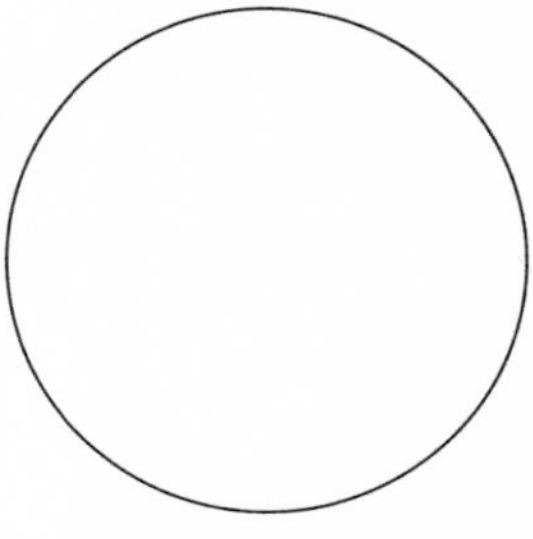

第5首

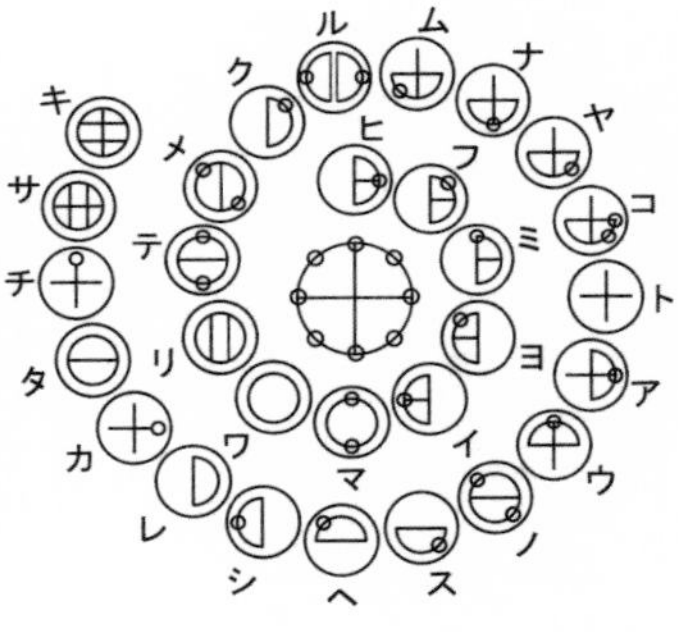
ヒ フ ミ ヨ イ マ ワ リ テ メ ク ル ム ナ ヤ コ ト ア ウ ノ ス ヘ シ レ カ タ チ サ キ

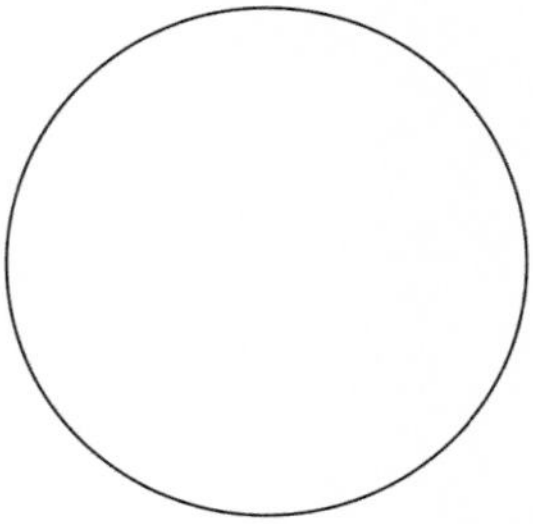

第6首

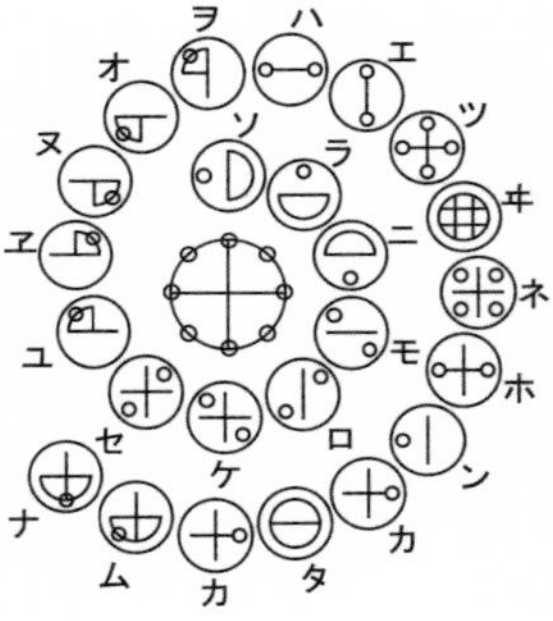
ソ ラ ニ モ ロ ケ セ ユ ヱ ヌ オ ヲ ハ エ ツ ヰ ネ ホ ン カ タ カ ム ナ

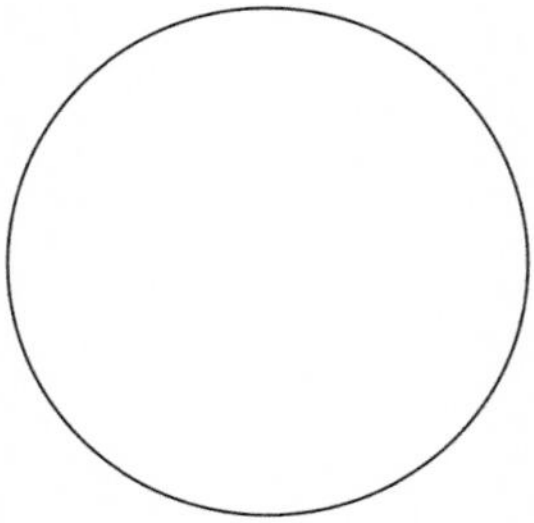

第7首

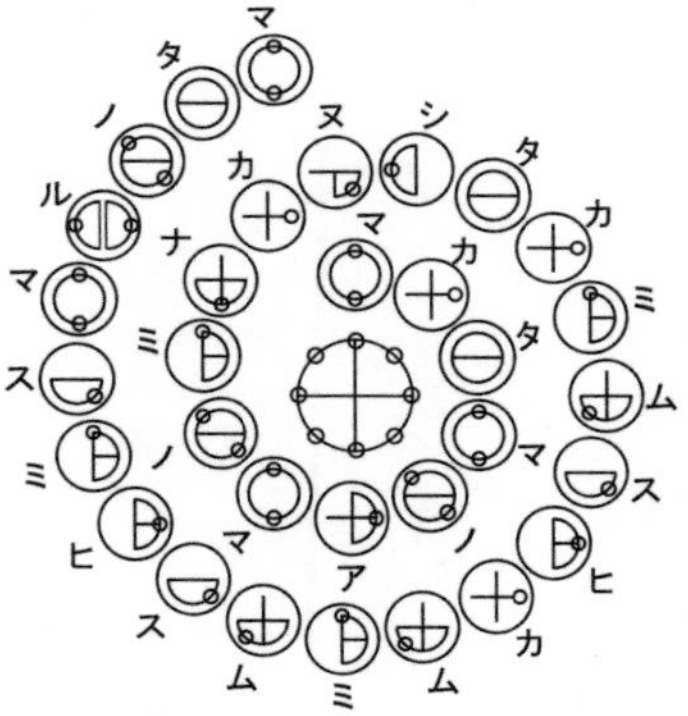
マカタマノアマノミナカヌシタカミムスヒカムミムスヒミスマルノタマ

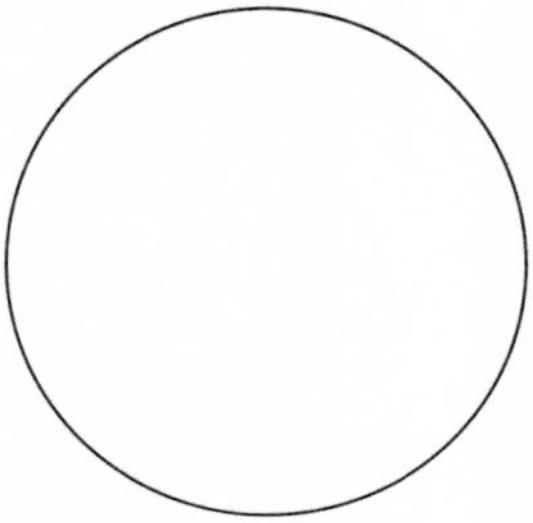

第8首

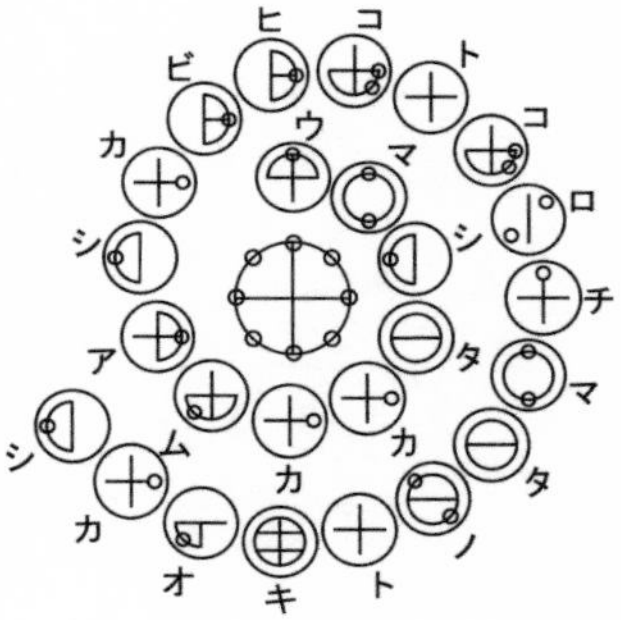
ウマシタカカムアシカビヒコトコロチマタノトキオカシ

第9首

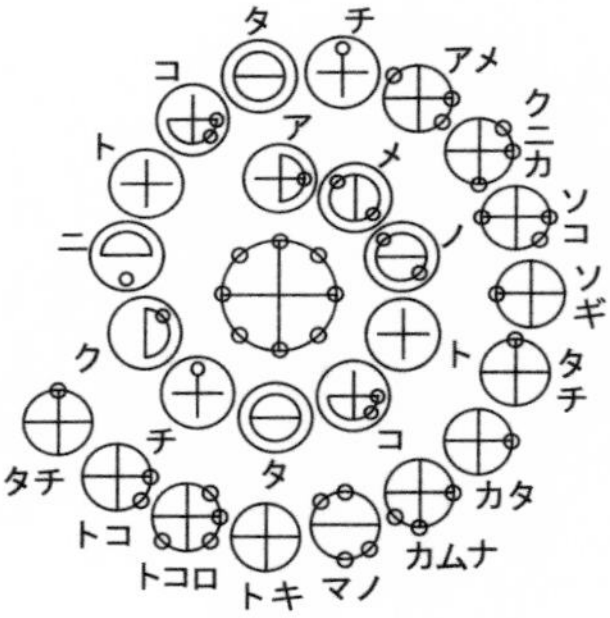
タ
チ
アメ
クニカ
ソコ
ソギ
タチ
カタ
カムナ
マノ
トキ
トコロ
トコ
タチ
ク
ニ
ト
コ
ア
メ
ノ
ト
コ
タ
チ

第10首

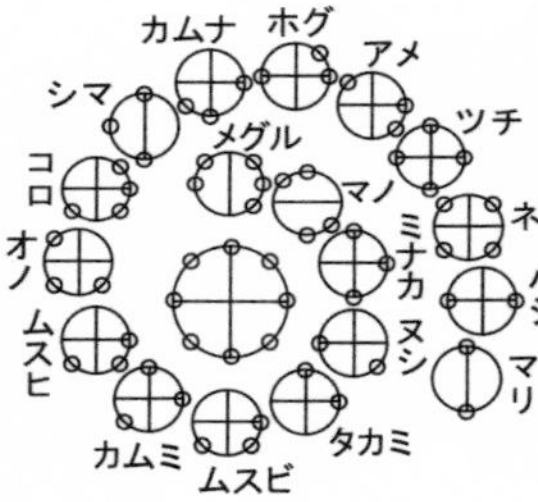
カムナ
ホグ
アメ
ツチ
ネ
ハシ
マリ
タカミ
ムスビ
カムミ
ムスヒ
オノ
コロ
シマ
メグル
マノ
ミナカ
ヌシ

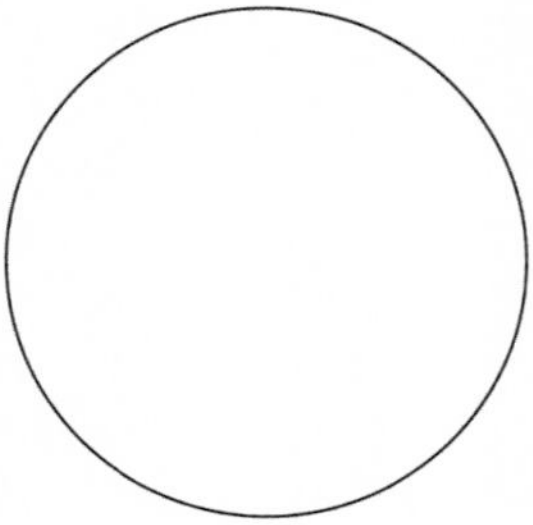

第11首

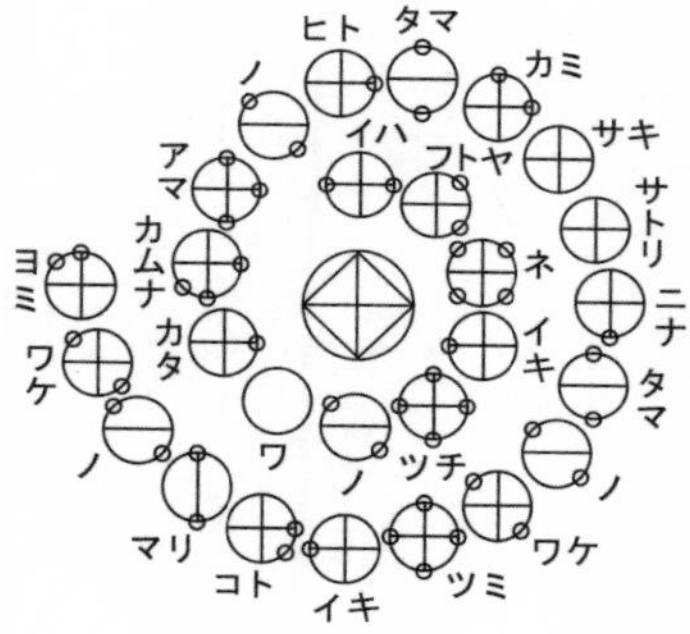

楢崎読み

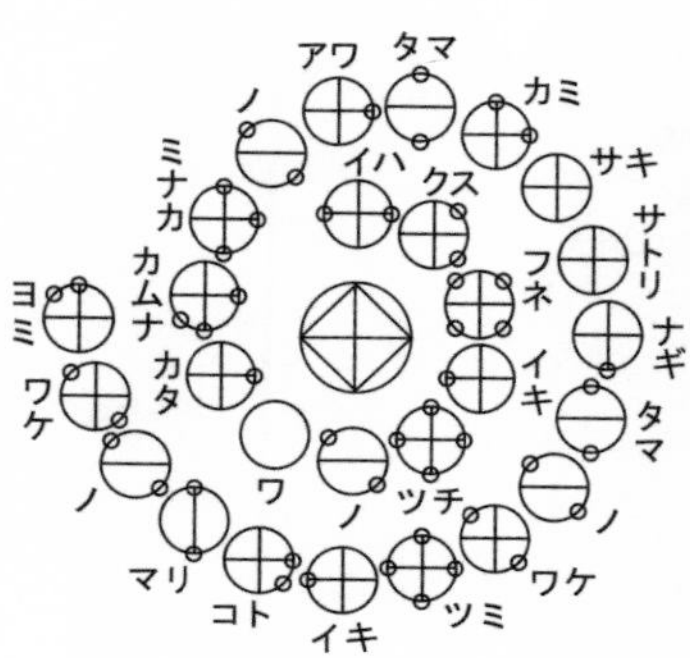

筆者読み

第12首

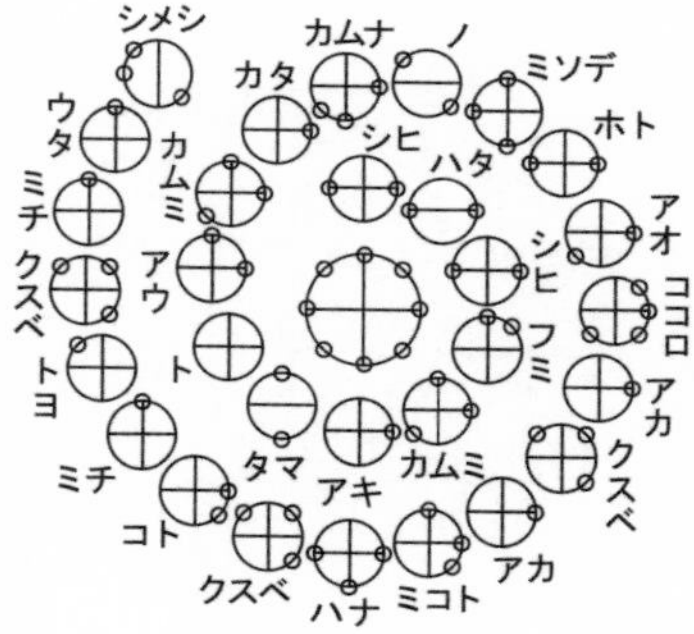

楢崎読み

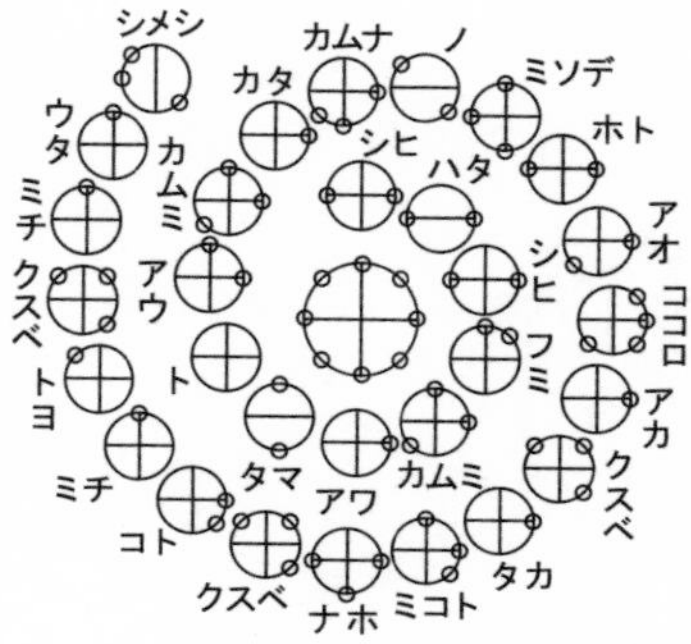

筆者読み

第13首

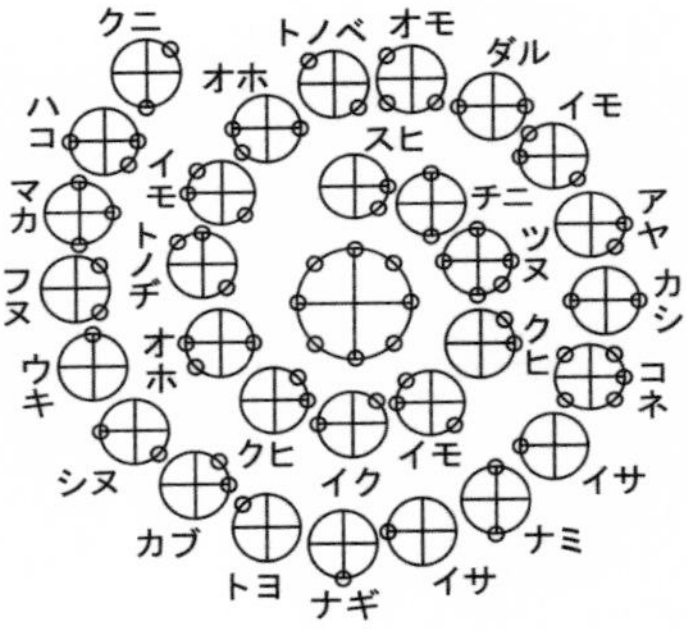

クニ
トノベ
オモ
ダル
オホ
ハコ
イモ
スヒ
イモ
マカ
トノチ
チニ
アヤ
ツヌ
フヌ
カシ
オホ
クヒ
ウキ
コネ
クヒ
イモ
イク
イサ
シヌ
カブ
ナミ
トヨ
ナギ
イサ

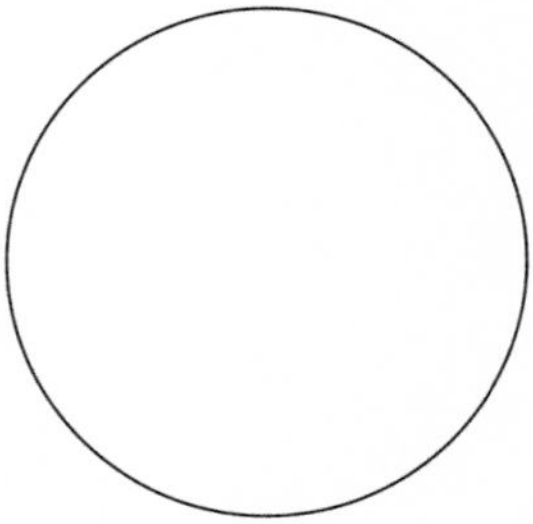

第14首

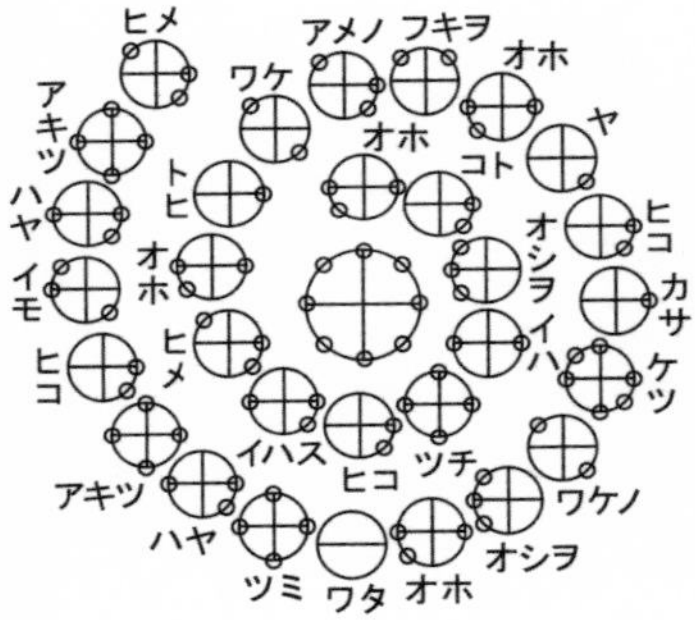

ヒメ
アメノ
フキヲ
オホ
ワケ
アキツ
ヤ
オホ
コト
トヒ
ハヤ
ヒコ
オシヲ
オホ
イモ
カサ
イハ
ヒメ
ヒコ
ケツ
アキツ
イハス
ヒコ
ツチ
ワケノ
ハヤ
オシヲ
ツミ
ワタ
オホ

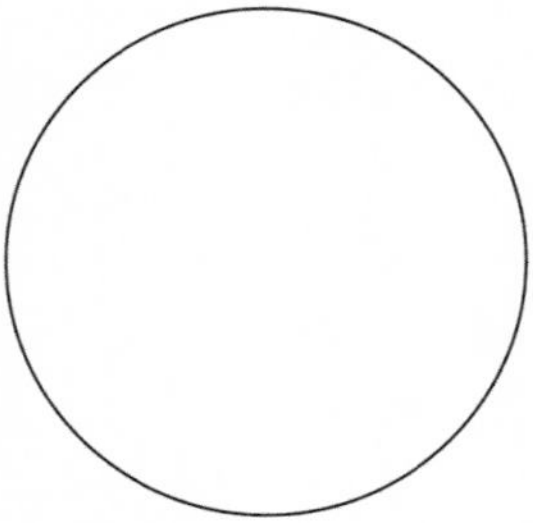

第15首

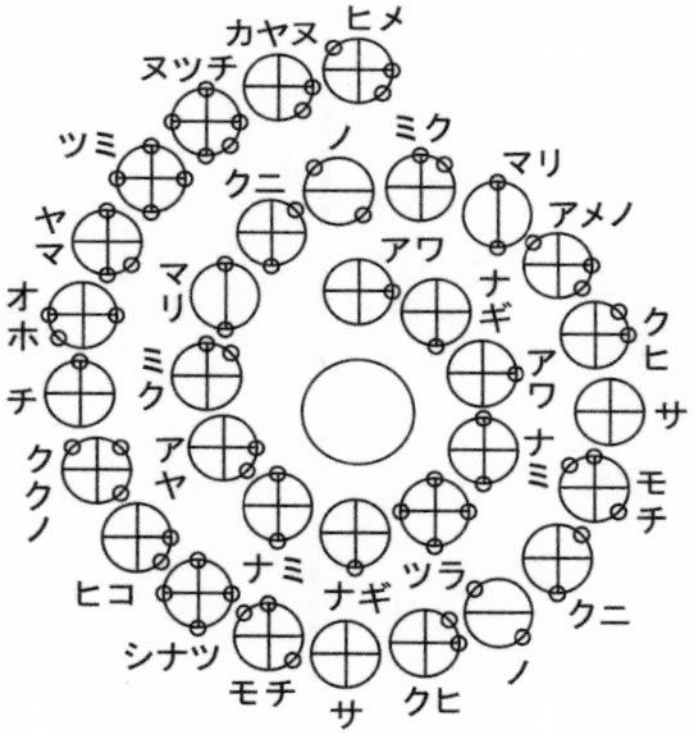
アワ
ナギ
アワ
ナミ
ツラ
ナギ
ナミ
アヤ
ミク
マリ
クニ
ノ
ミク
マリ
アメノ
クヒ
サ
モチ
クニ
ノ
クヒ
サ
モチ
シナツ
ヒコ
ククノ
チ
オホ
ヤマ
ツミ
ヌツチ
カヤヌ
ヒメ

第16首

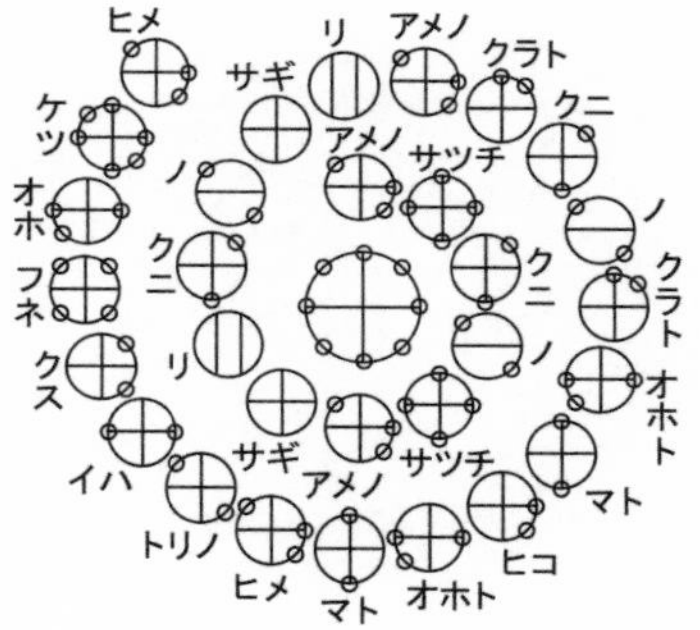
アメノ
サツチ
クニ
ノ
サツチ
アメノ
サギ
リ
クニ
ノ
サギ
リ
アメノ
クラト
クニ
ノ
クラト
オホト
マト
ヒコ
オホト
マト
ヒメ
アメノ
トリノ
イハ
クス
フネ
オホ
ケツ
ヒメ

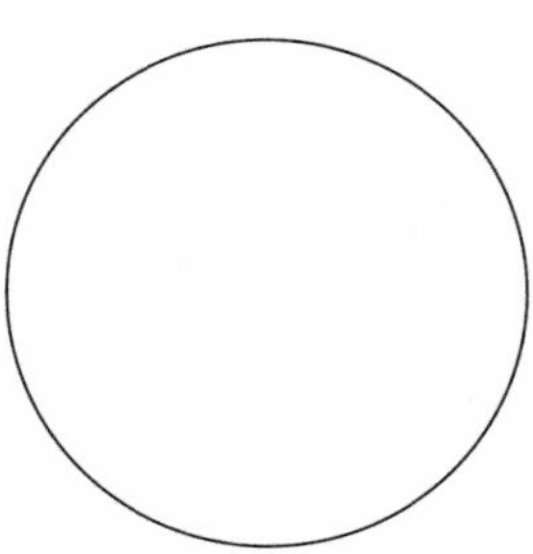

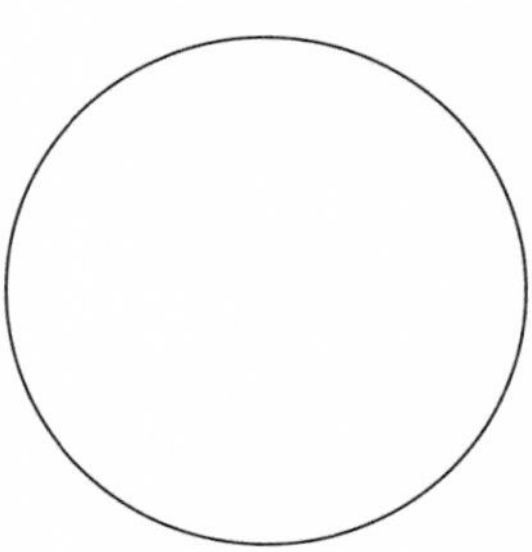

第17首

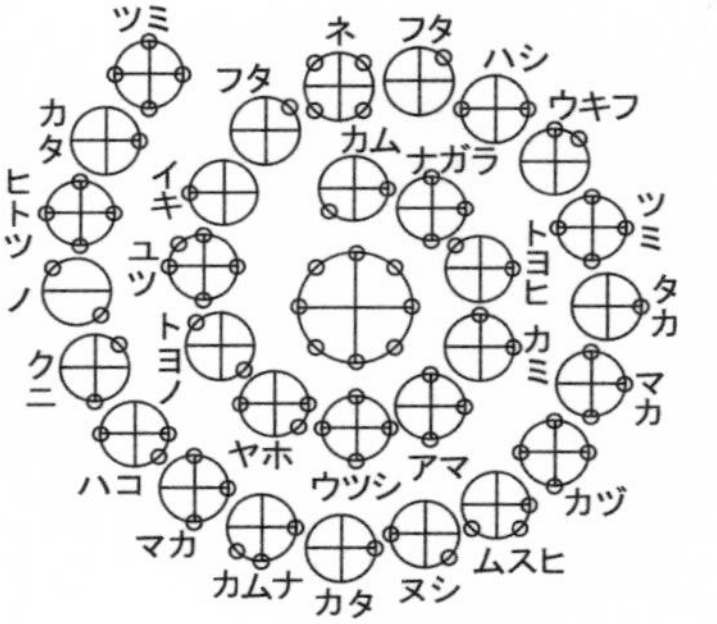

楢崎読み

第18首

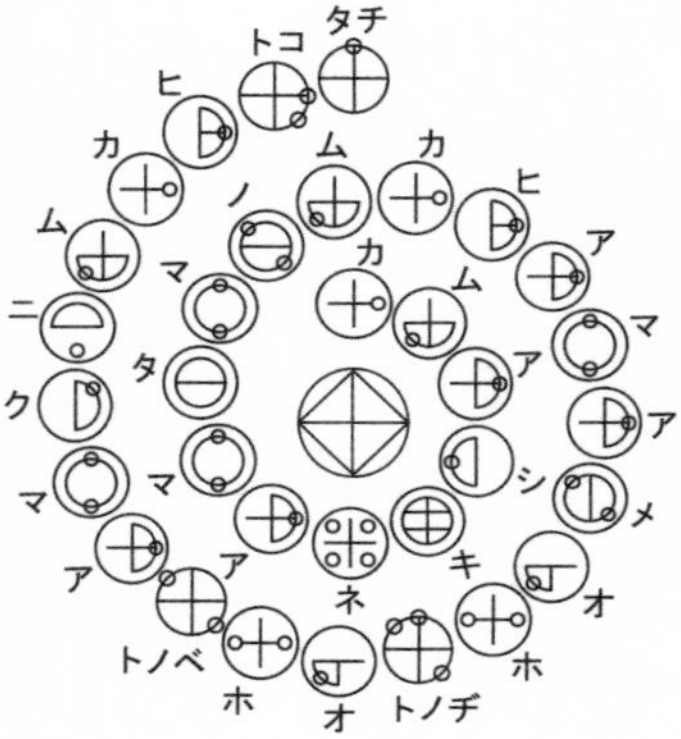

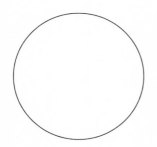

第19首

第20首

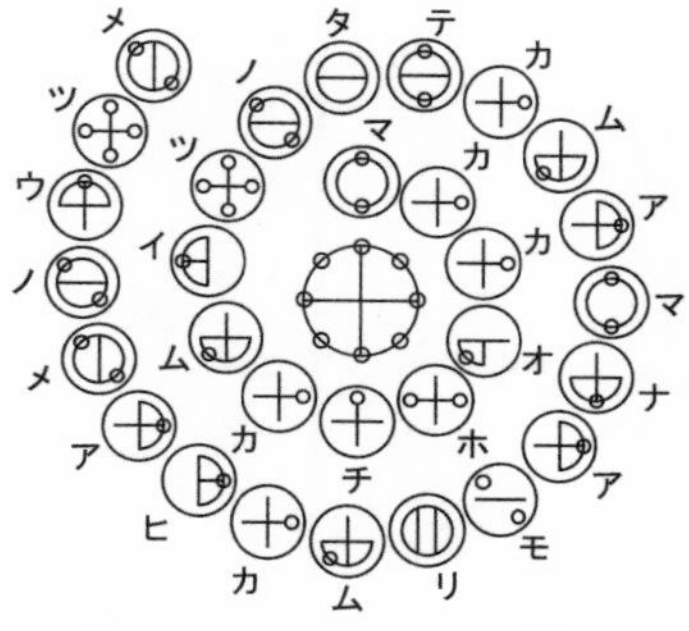

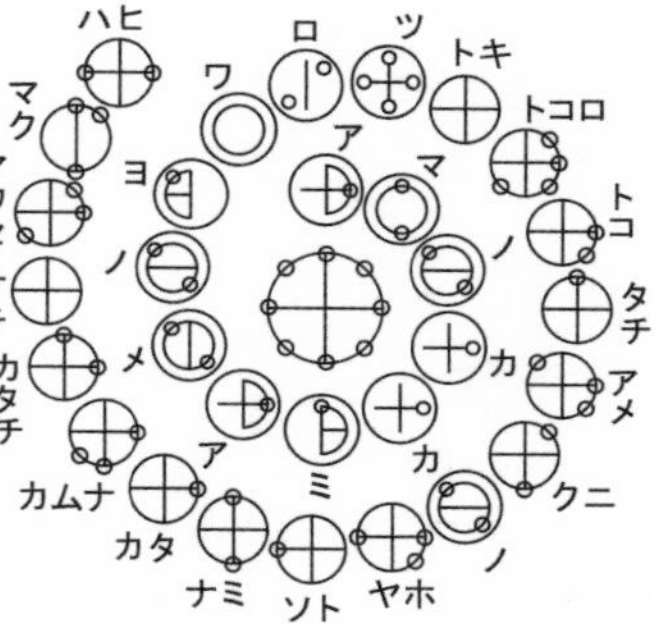

楢崎読み

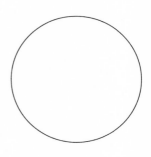

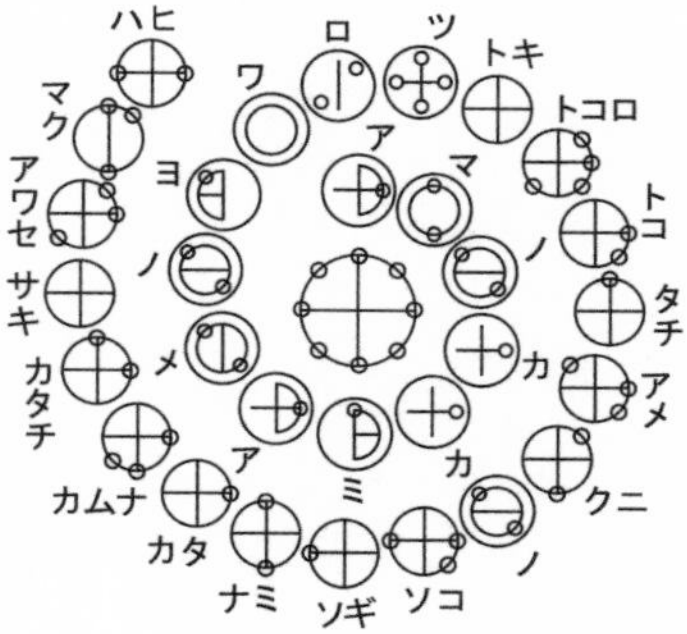

筆者読み

第21首

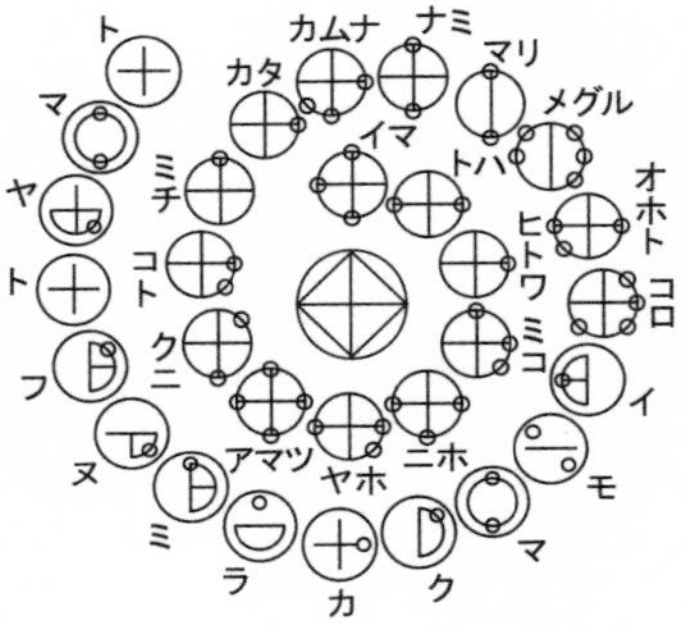

楢崎読み

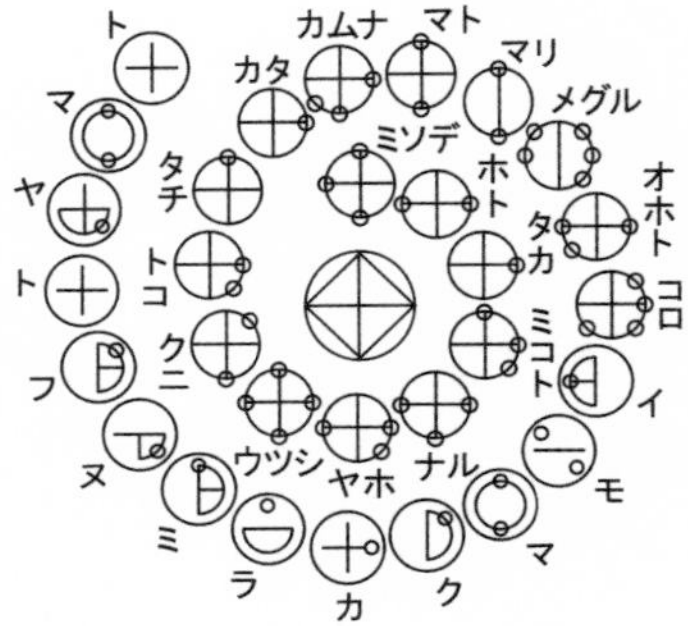

筆者読み

第22首

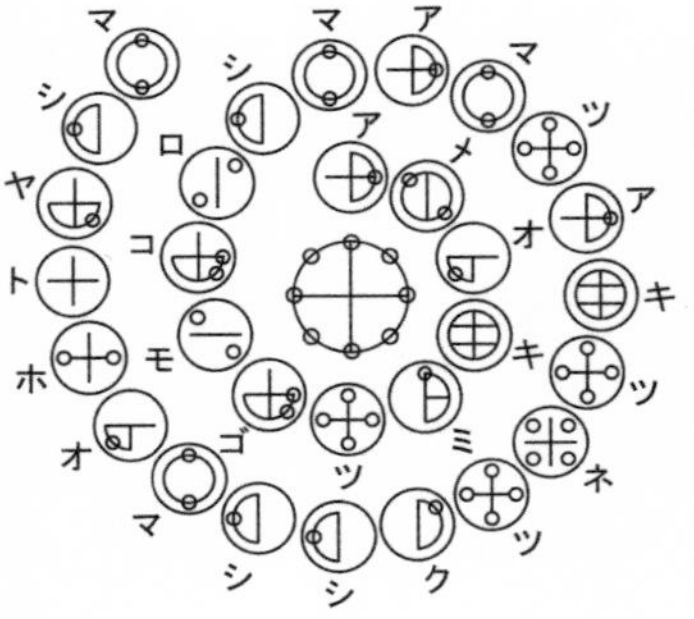

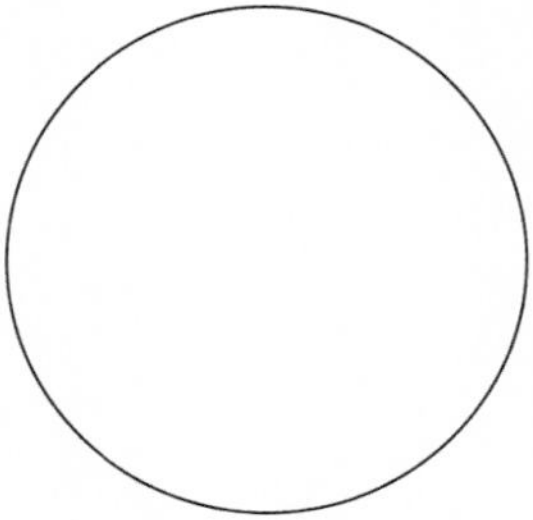

第23首

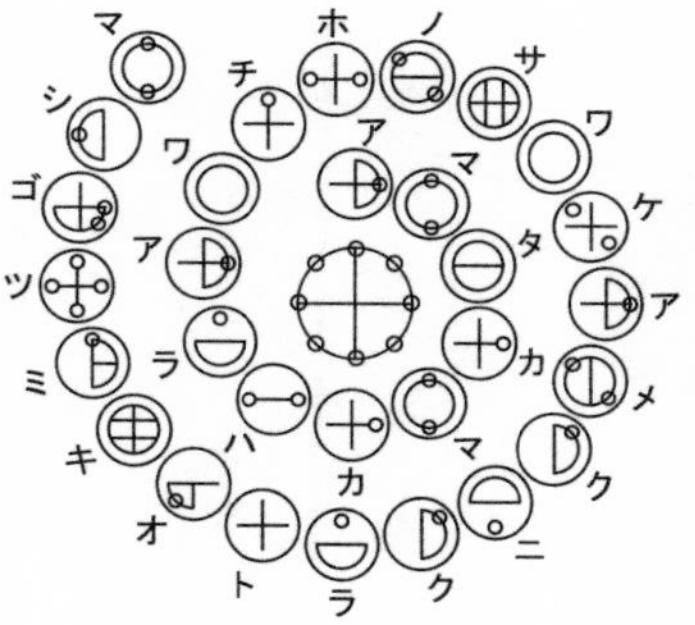
マ
ホ
ノ
サ
チ
シ
ワ
ア
ワ
マ
ゴ
ケ
ア
タ
ツ
ア
ラ
カ
ミ
メ
ハ
キ
マ
ク
カ
オ
ニ
ト
ク
ラ

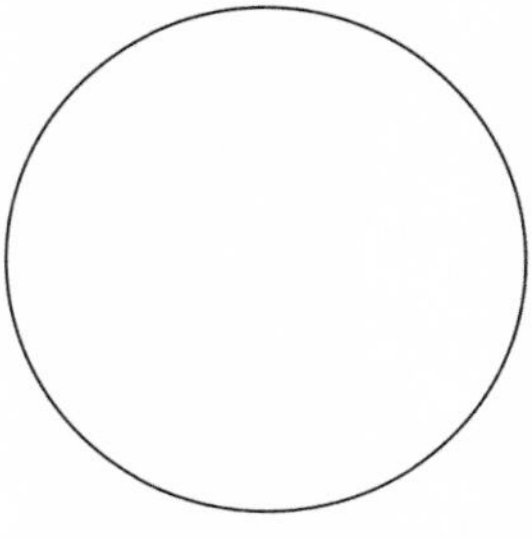

第24首

ケ
マ
ア
シ
メ
ワ
ア
ク
ロ
メ
ヒ
ニ
コ
ク
ケ
サ
モ
ニ
タ
ツ
リ
サ
マ
ギ
チ
シ
ソ
ギ
コ
ソ

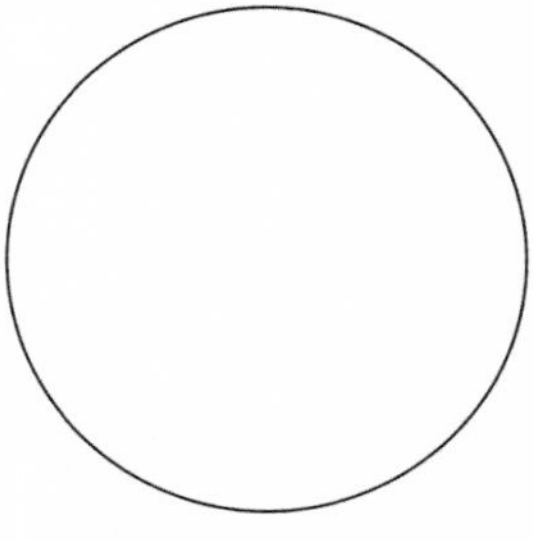

第25首

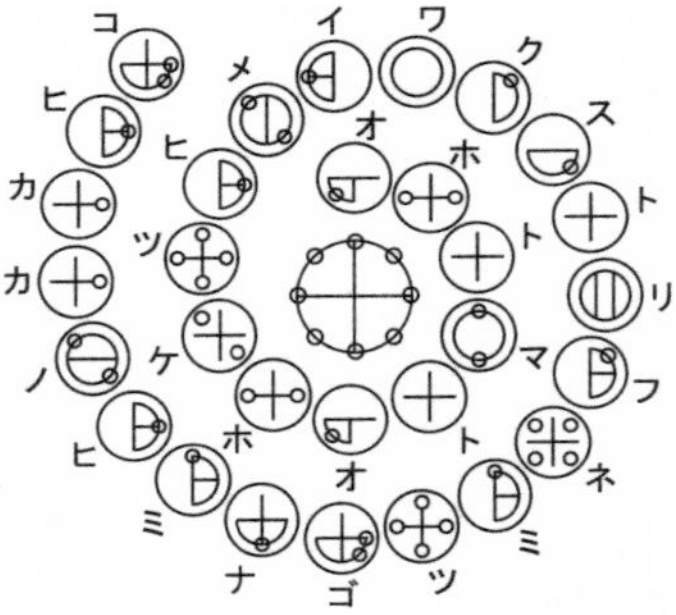

コ
ヒ
カ
カ
ノ
ヒ
ミ
ナ
ゴ
ツ
ミ
ネ
フ
リ
ト
ス
ク
ワ
イ
メ
ヒ
ツ
ケ
ホ
オ
ト
マ
ト
ホ
オ

第26首

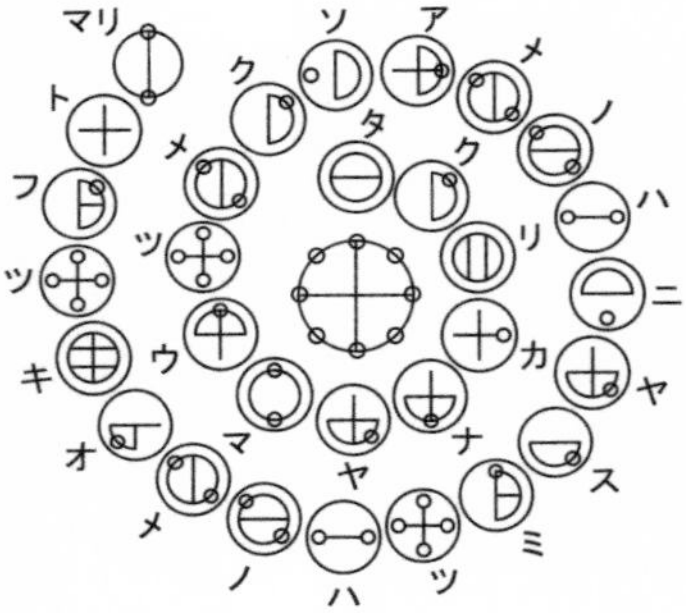

マリ
ト
フ
ツ
キ
オ
メ
ノ
ハ
ツ
ミ
ス
ヤ
ニ
ハ
ノ
メ
ア
ソ
ク
メ
ツ
ウ
マ
ヤ
ナ
カ
リ
ク
タ

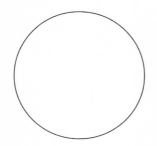

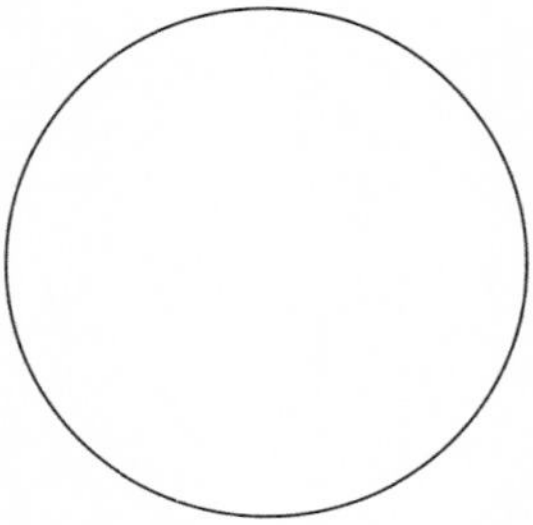

第27首

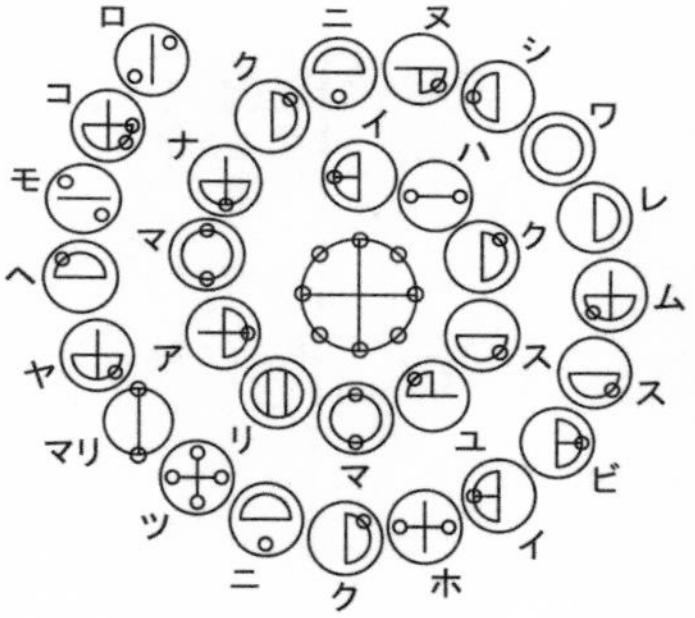
ロ
コ
モ
ヘ
ヤ
マリ
ツ
ニ
ク
ホ
イ
ビ
ス
ム
レ
ワ
シ
ヌ
ニ
ク
ナ
マ
ア
リ
マ
ユ
ス
ク
ハ
イ

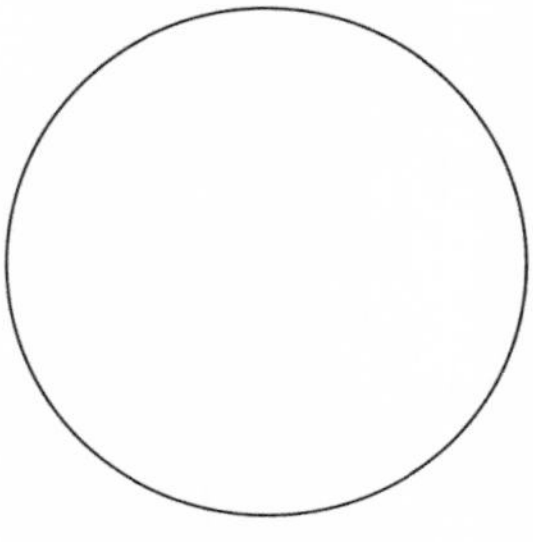

第28首

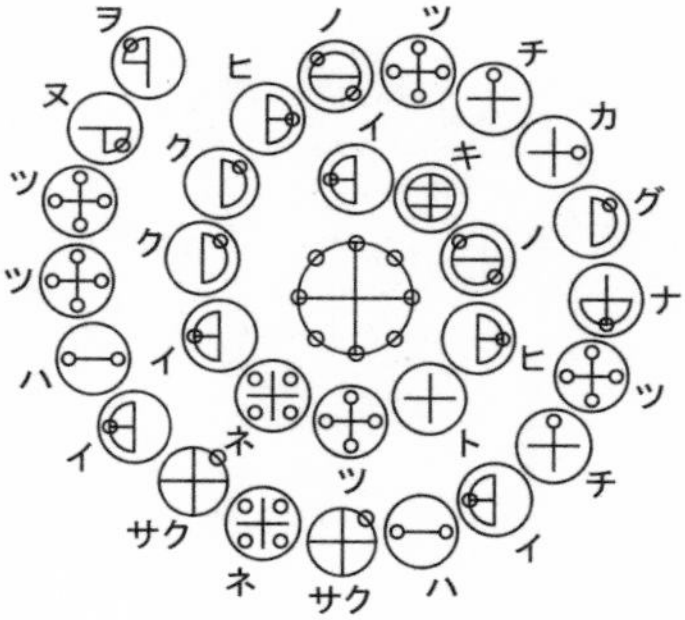
ヲ
ヌ
ツ
ツ
ハ
イ
サク
ネ
サク
ハ
イ
チ
ツ
ヒ
ナ
グ
カ
チ
ツ
ノ
ヒ
ク
ク
イ
ネ
ツ
ト
ヒ
ノ
キ
イ

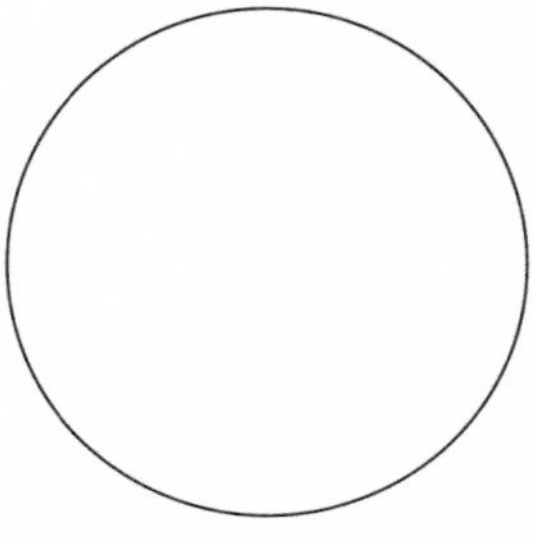

第29首

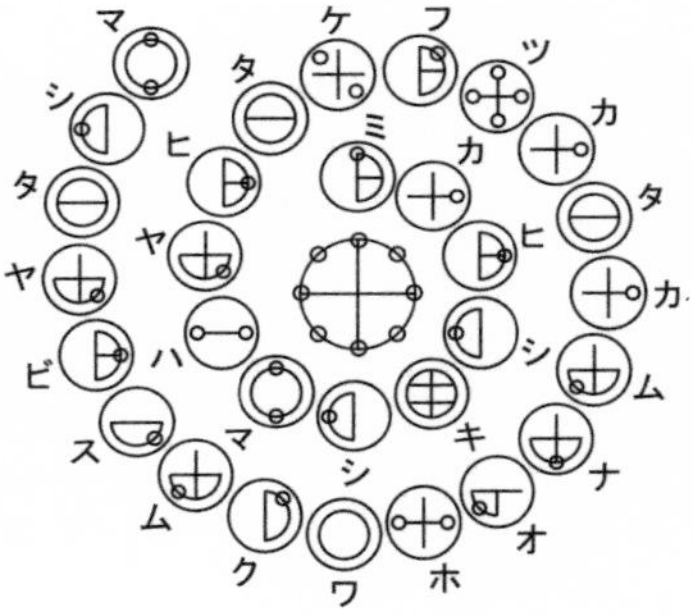

ケ
フ
ツ
カ
タ
カ
ム
ナ
オ
ホ
ワ
ク
ム
ス
ビ
ヤ
タ
シ
マ
タ
ミ
カ
ヒ
シ
キ
シ
マ
ハ
ヤ
ヒ

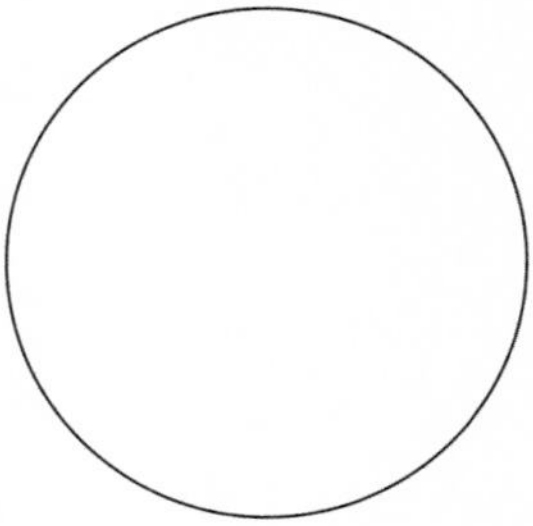

第30首

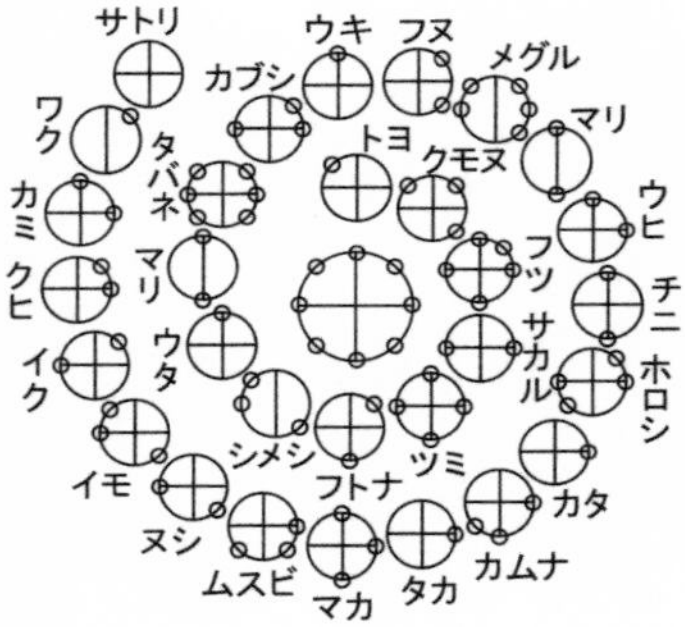

サトリ
ワク
カミ
クヒ
イク
イモ
ヌシ
ムスビ
マカ
タカ
カムナ
カタ
ホロシ
チニ
ウヒ
マリ
メグル
フヌ
ウキ
カブシ
タバネ
マリ
ウタ
シメシ
フトナ
ツミ
サカル
フツ
クモヌ
トヨ

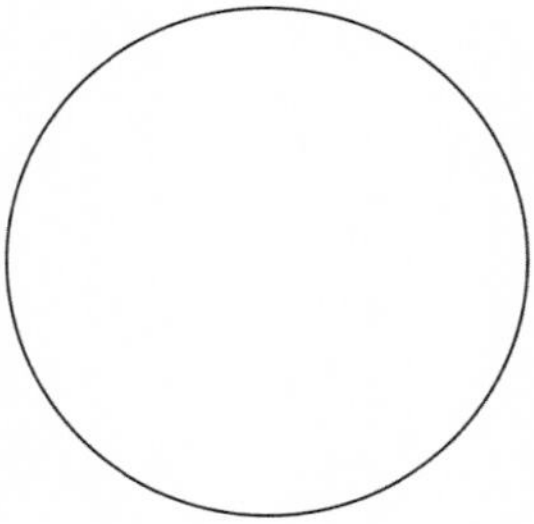

第31首

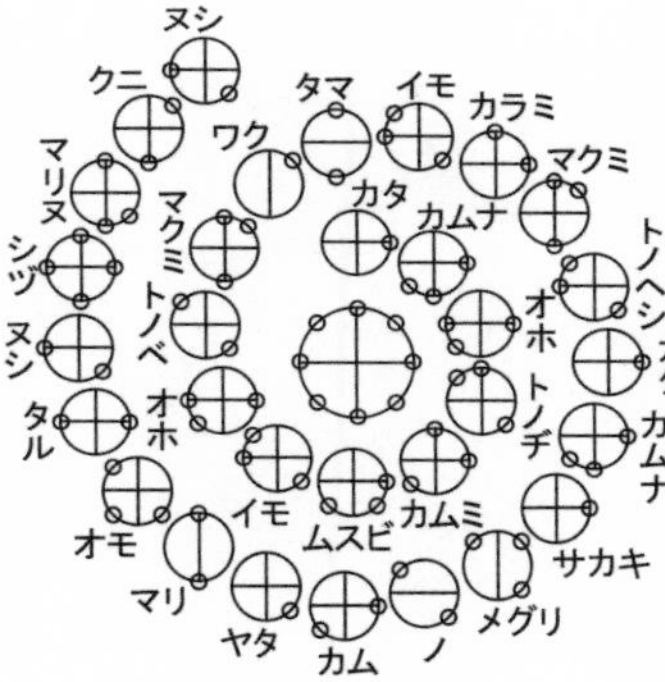

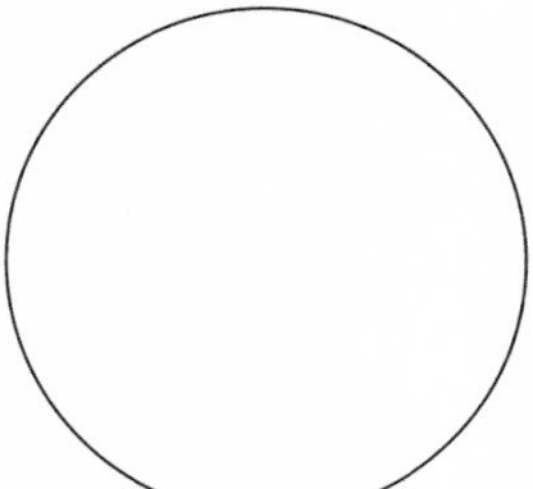

第32首

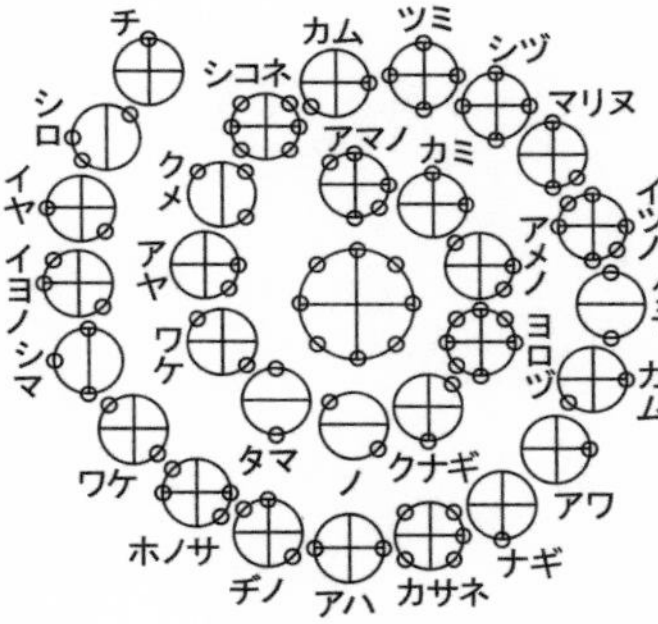

楢崎読み

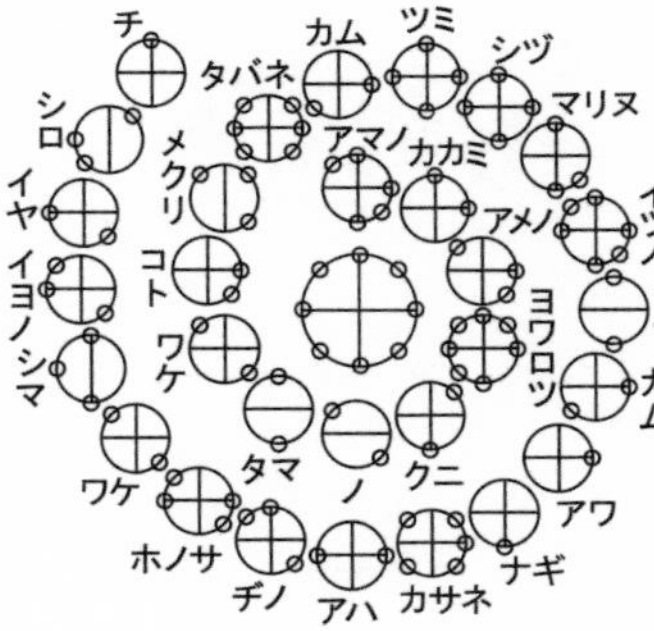

筆者読み

第33首

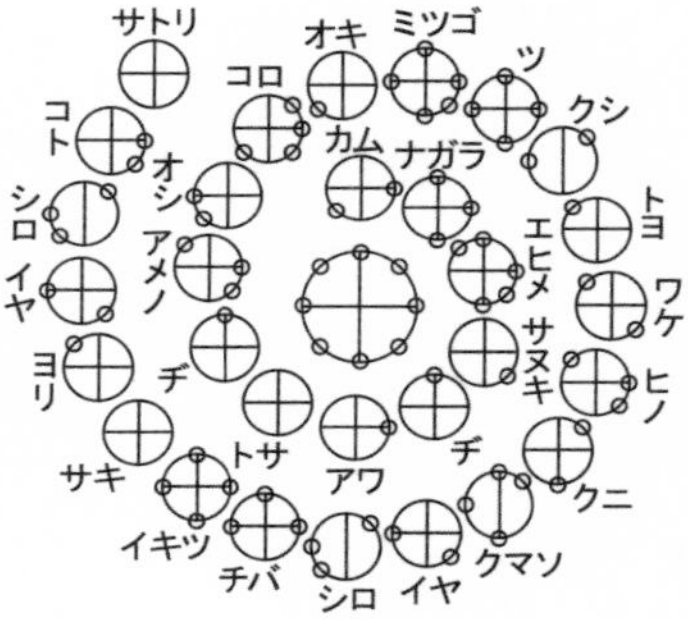

第34首

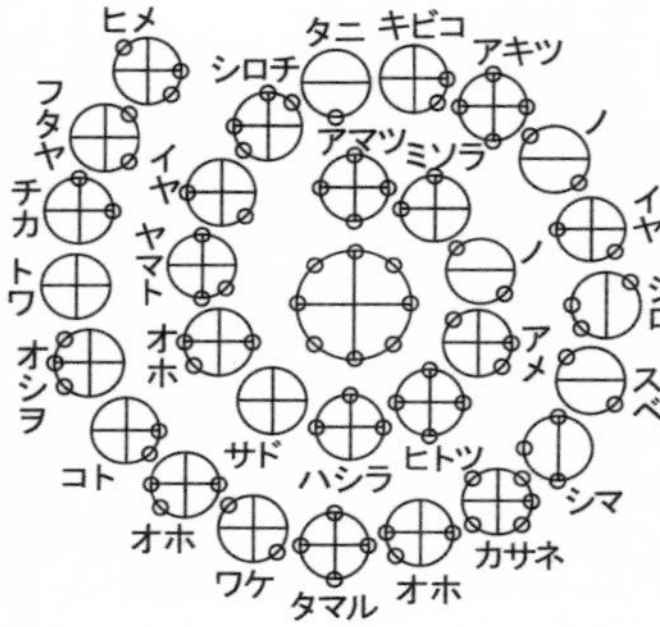

楢崎読み

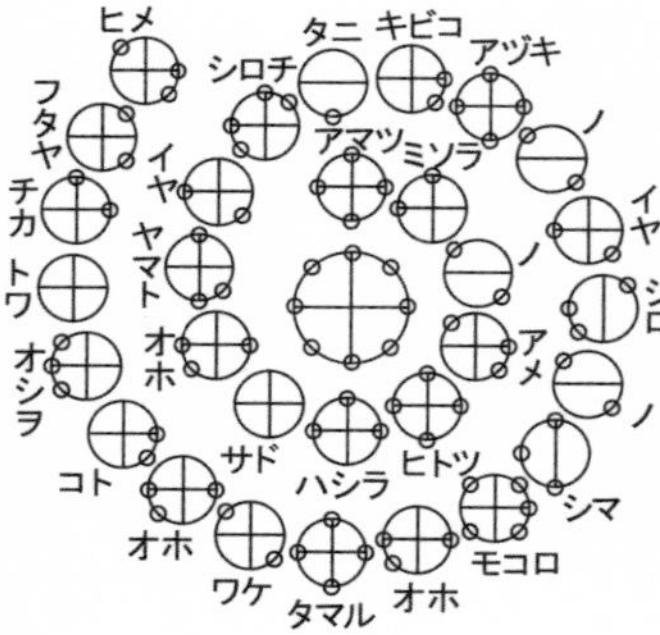

筆者読み

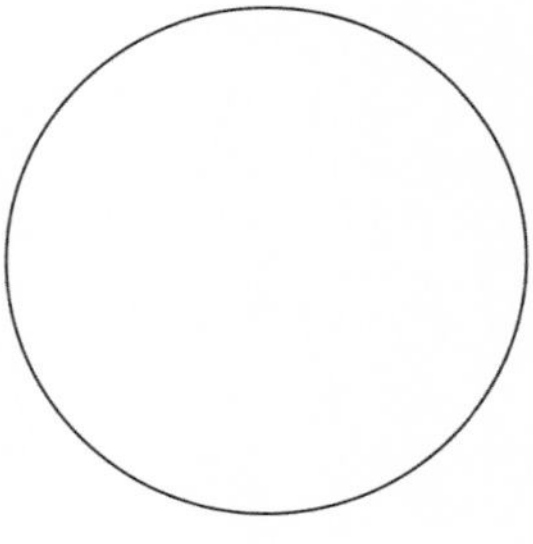

第35首

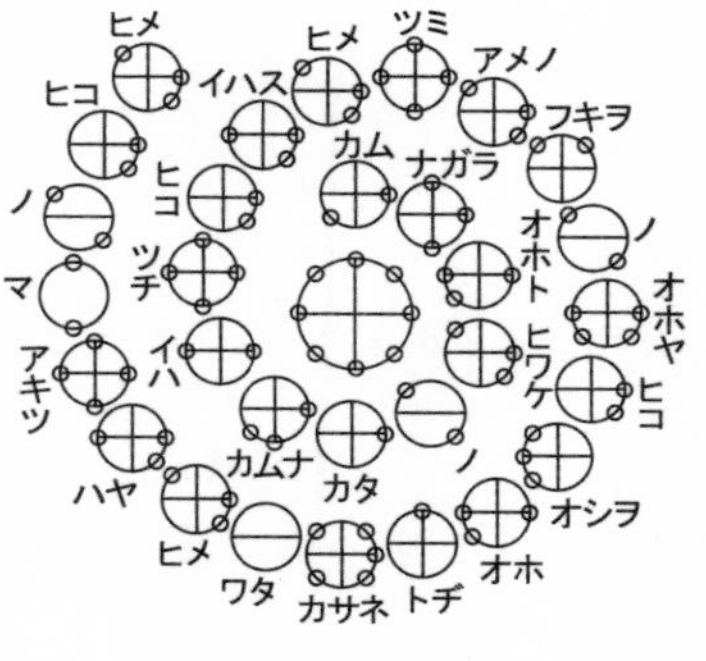

第36首

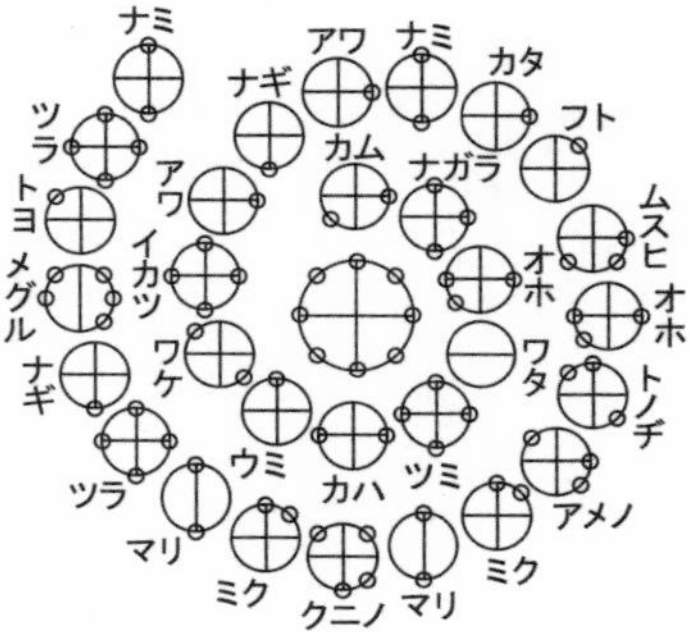

楢崎読み

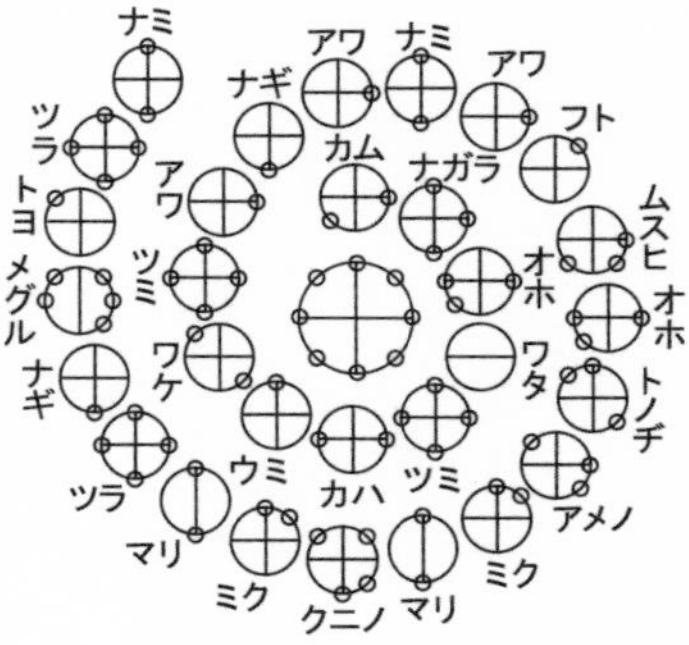

筆者読み

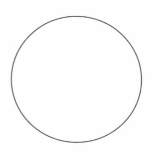

第37首

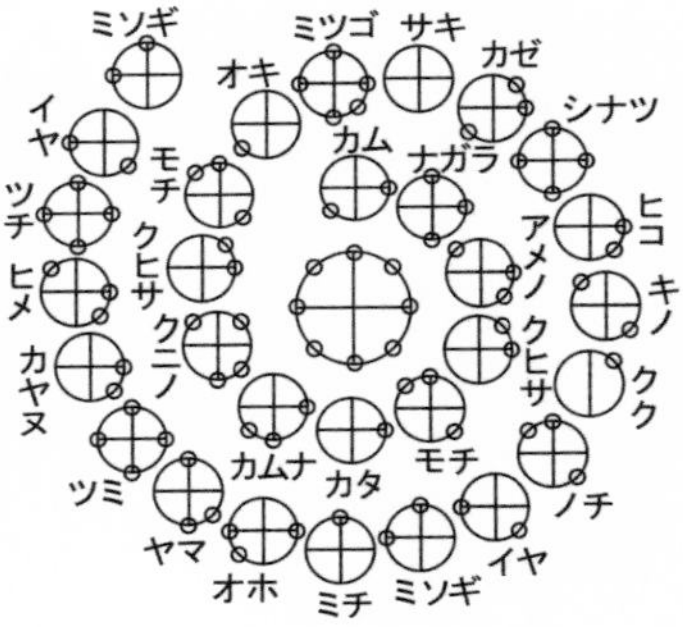
ミソギ
ミツゴ
サキ
カゼ
オキ
シナツ
イヤ
カム
ナガラ
モチ
ヒコ
ツチ
アメノ
クヒサ
キノ
ヒメ
クニノ
クヒサ
クク
カヤヌ
ツミ
カムナ
カタ
モチ
ノチ
ヤマ
オホ
ミチ
ミソギ
イヤ

第38首

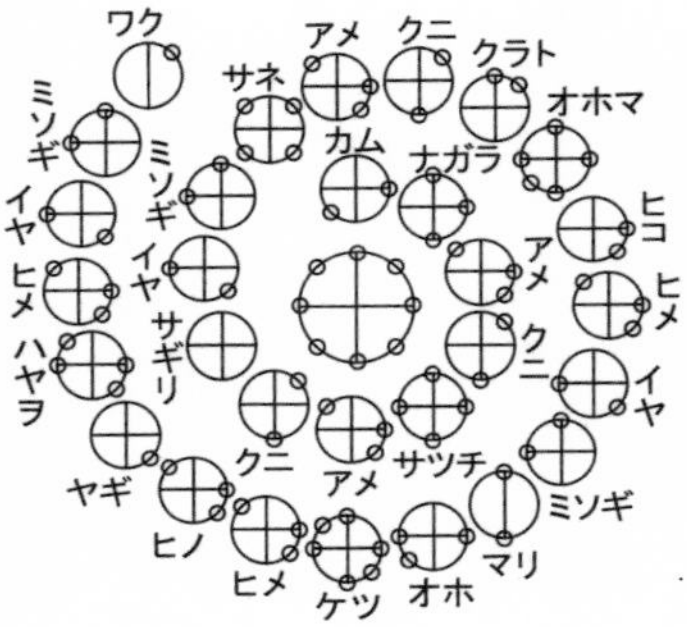
ワク
アメ
クニ
クラト
ミソギ
サネ
オホマ
ミソギ
カム
ナガラ
イヤ
ヒコ
イヤ
アメ
ヒメ
ヒメ
サギリ
クニ
ハヤヲ
イヤ
ヤギ
クニ
アメ
サツチ
ミソギ
ヒノ
ヒメ
ケツ
オホ
マリ

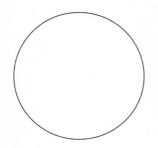

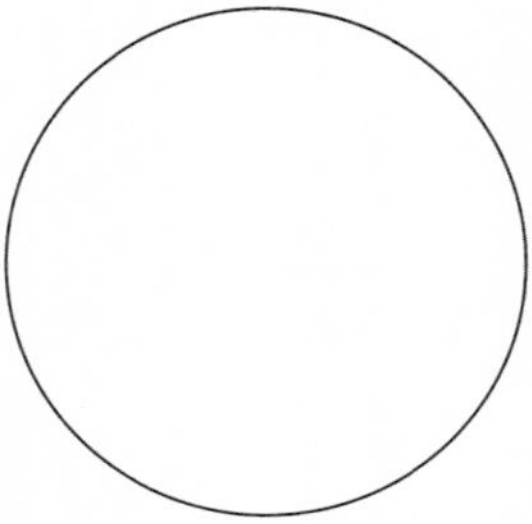

第40首

第39首

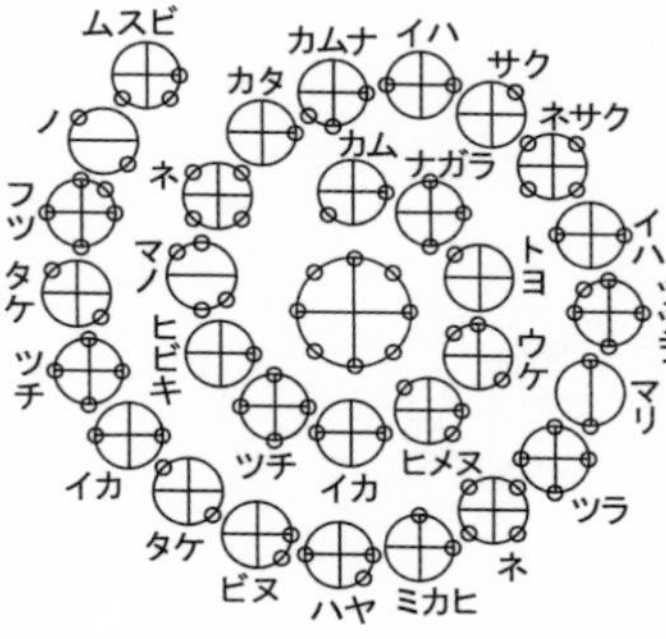

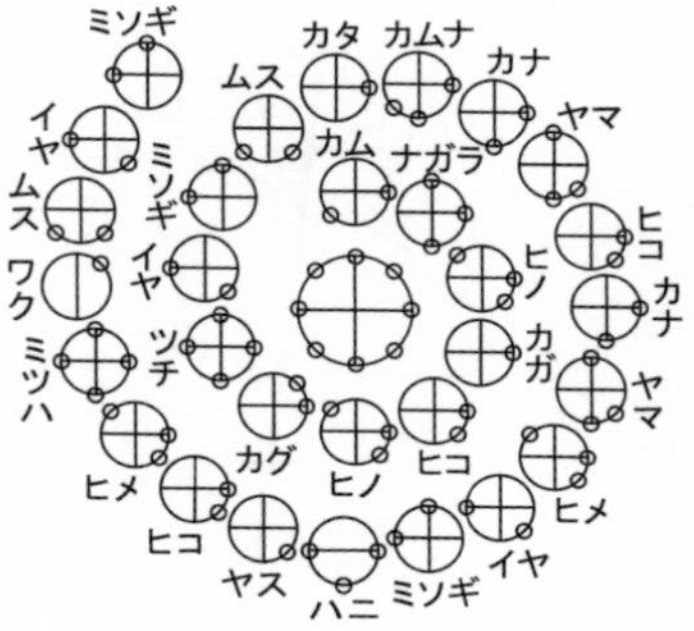

楢崎読み

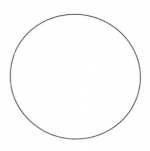

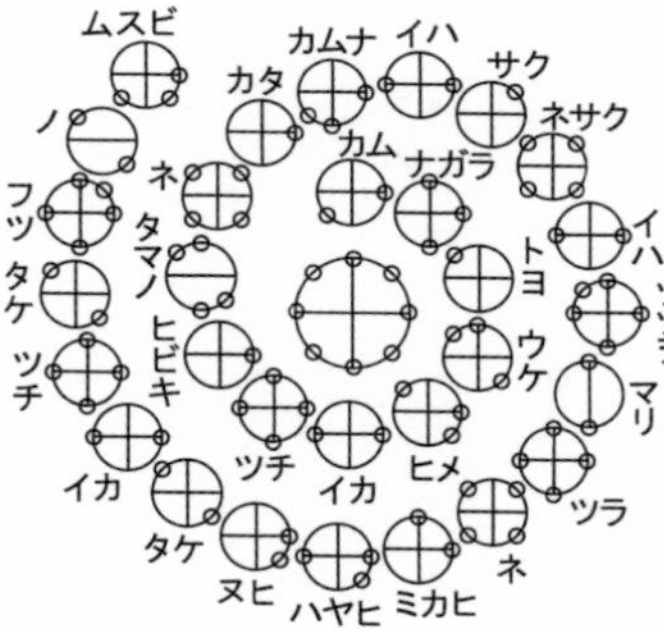

筆者読み

第41首

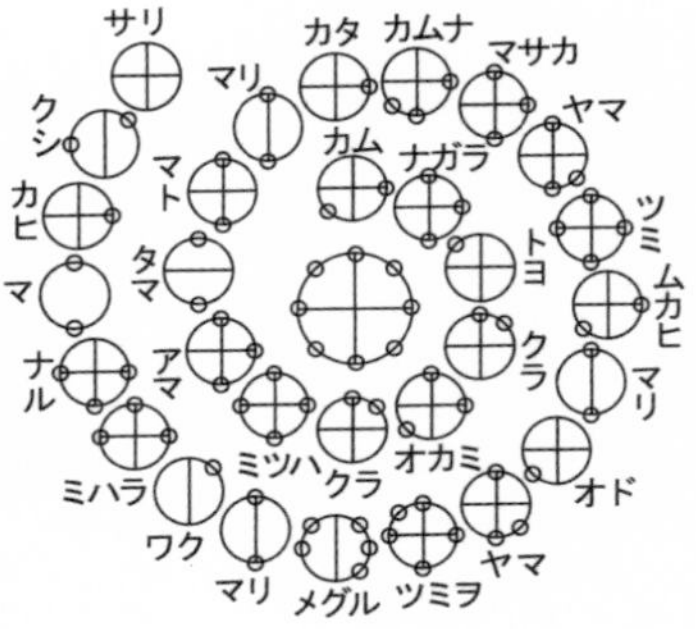

楢崎読み

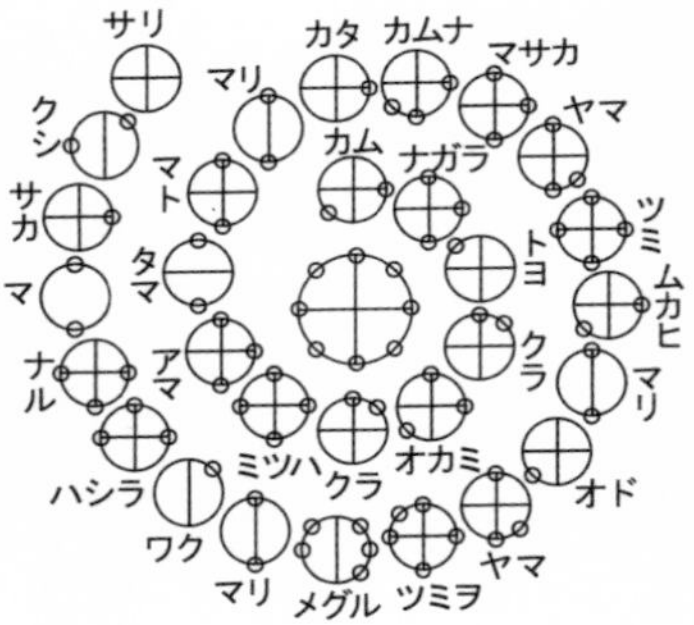

筆者読み

第42首

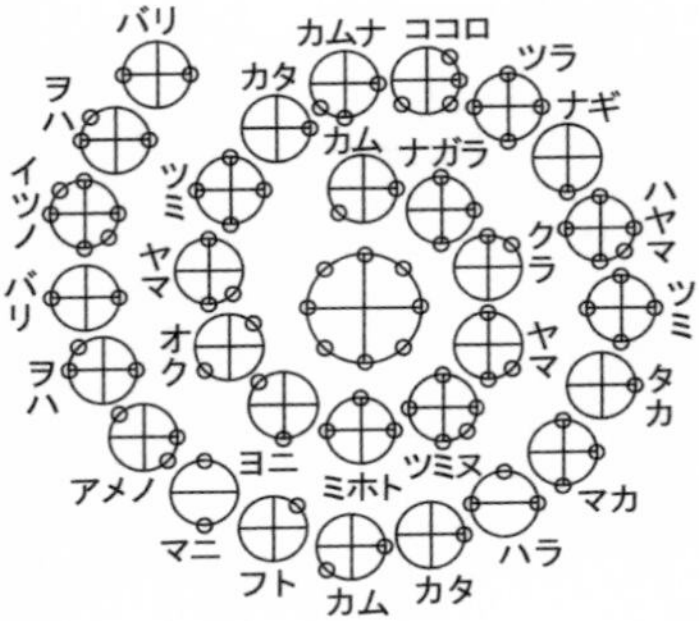

楢崎読み

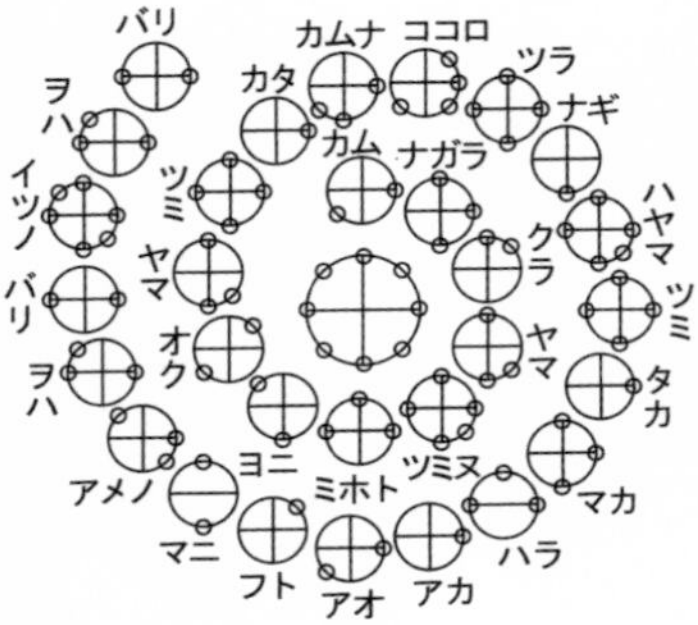

筆者読み

第43首

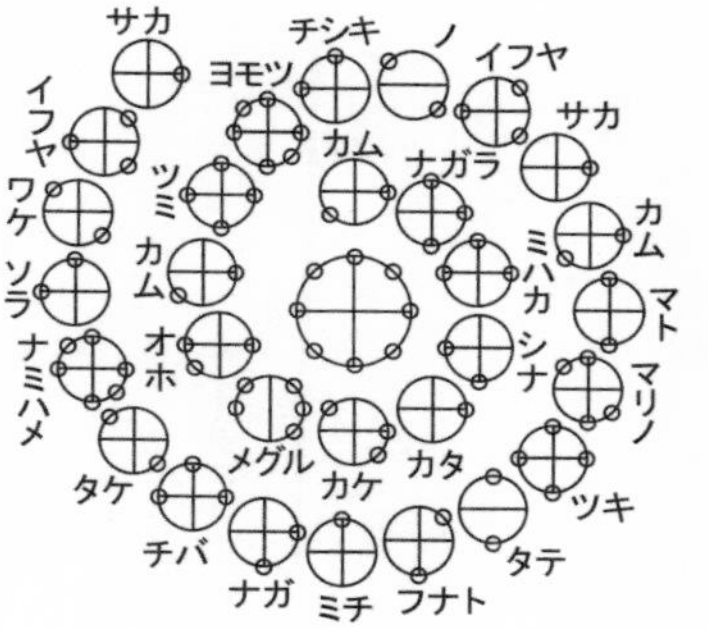

楢崎読み

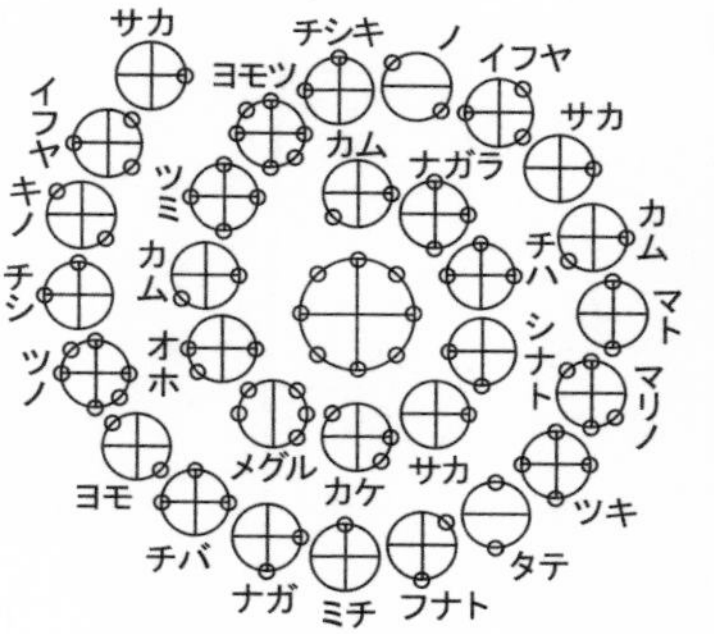

筆者読み

第44首

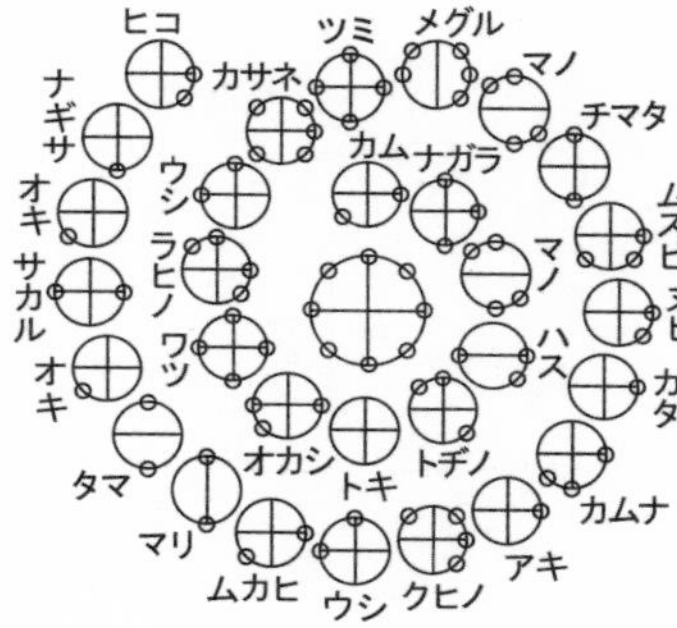

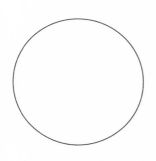

第45首

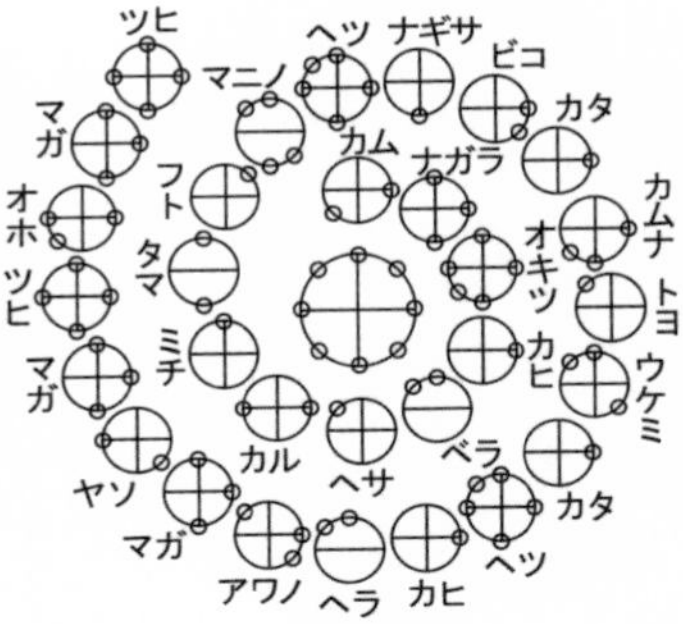

楢崎読み

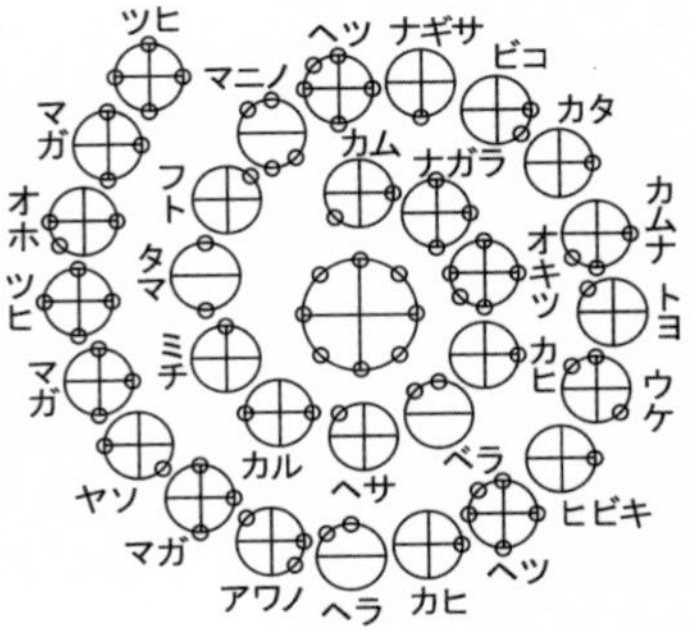

筆者読み

第46首

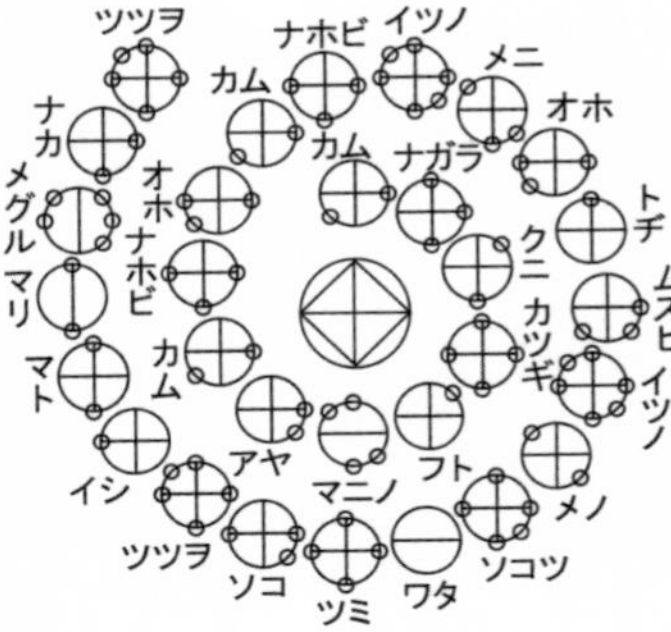

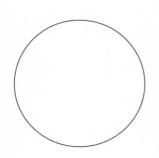

第47首

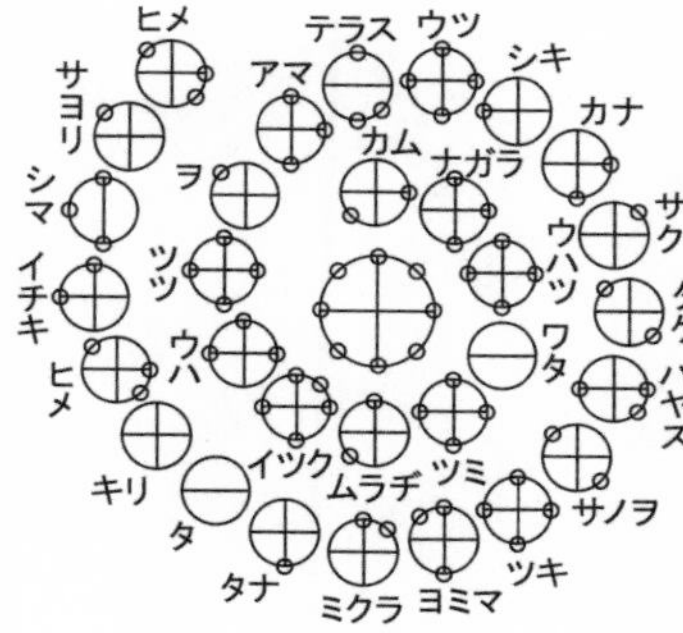

楢崎読み

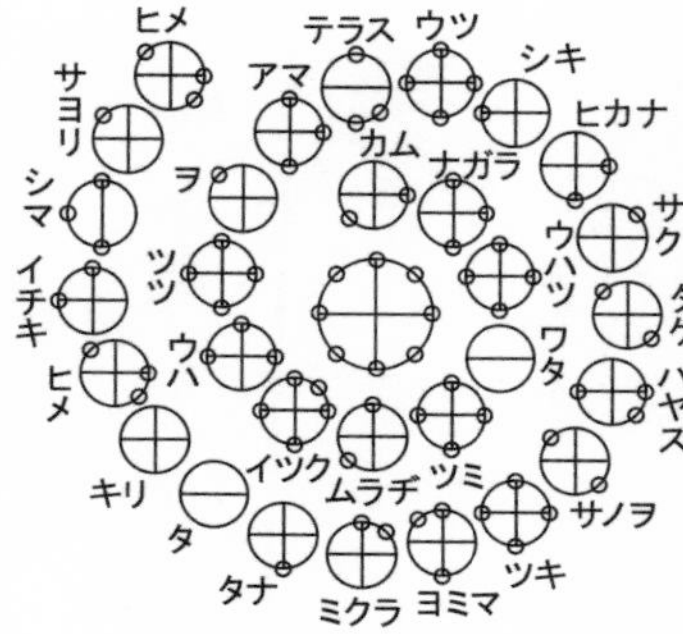

筆者読み

第48首

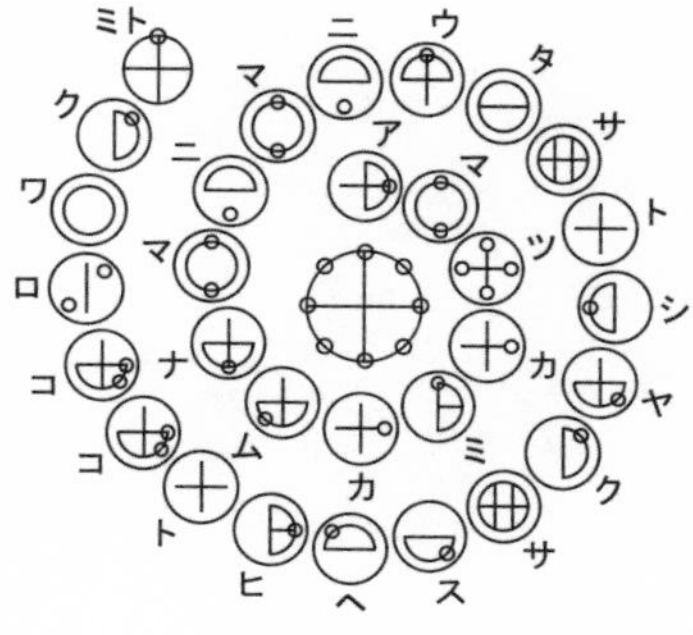

楢崎読み

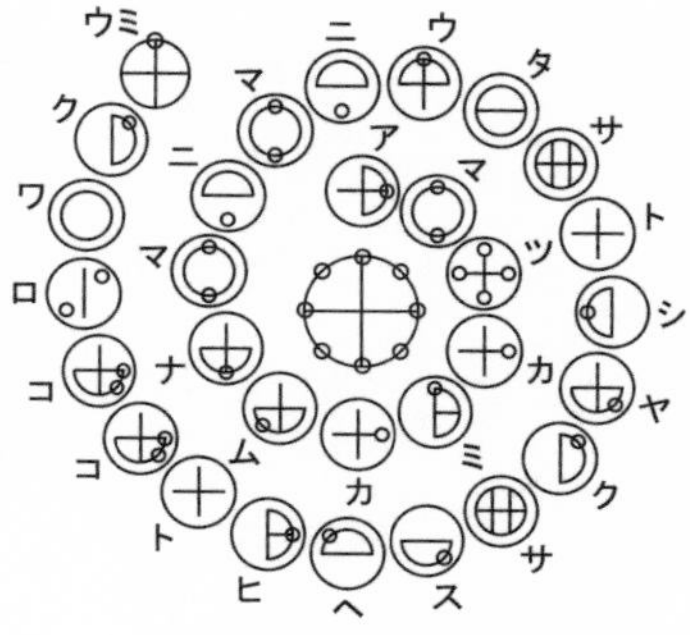

筆者読み

第49首

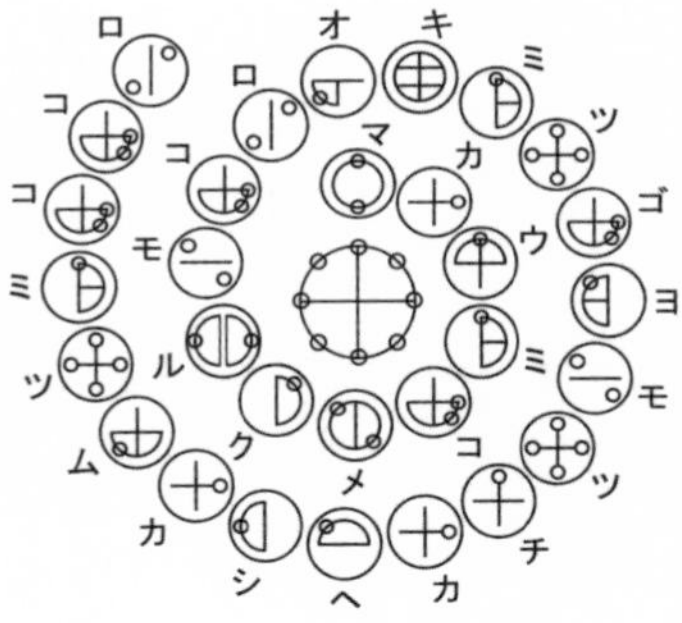

第50首

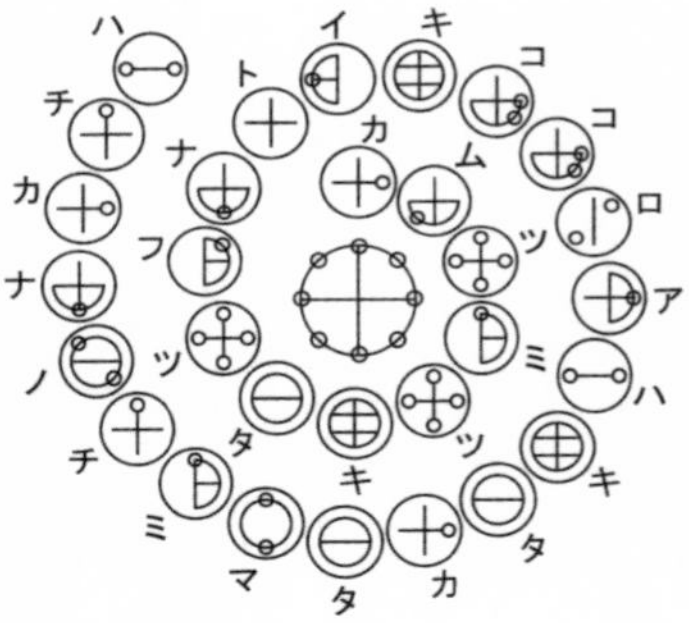

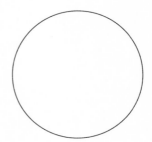

第51首

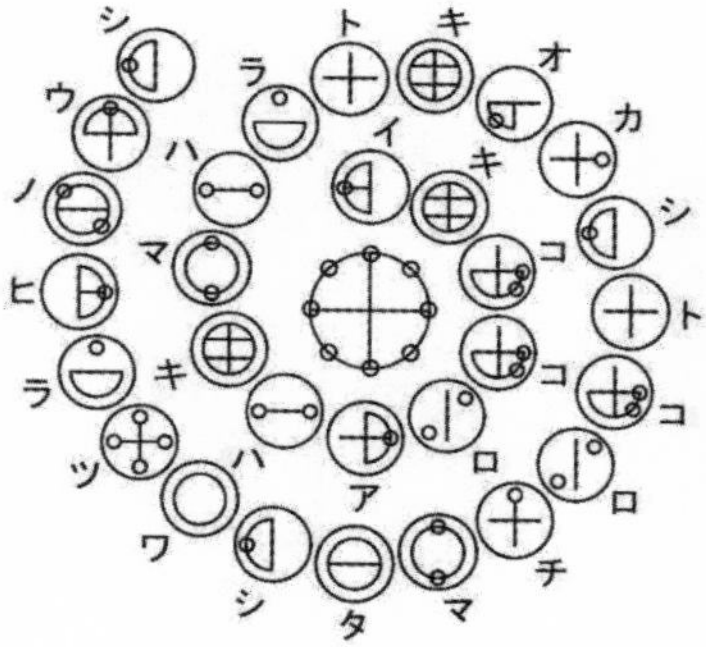
シ ウ ノ ヒ ラ ツ ワ シ タ マ チ ロ コ ト シ カ オ キ ト
ラ ハ マ キ ハ ア ロ コ コ キ イ

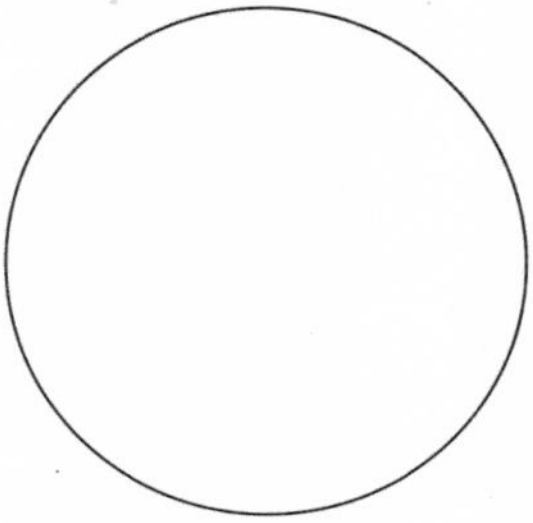

第52首

ナミ ラ ヘ ヒ カ ツ キ オ コ ヒ サ ギ ナ ル カ サ キ オ シ
ウ ノ ヒ ク キ ア ラ ソ キ マ タ

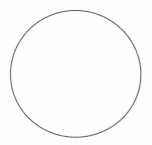

第53首

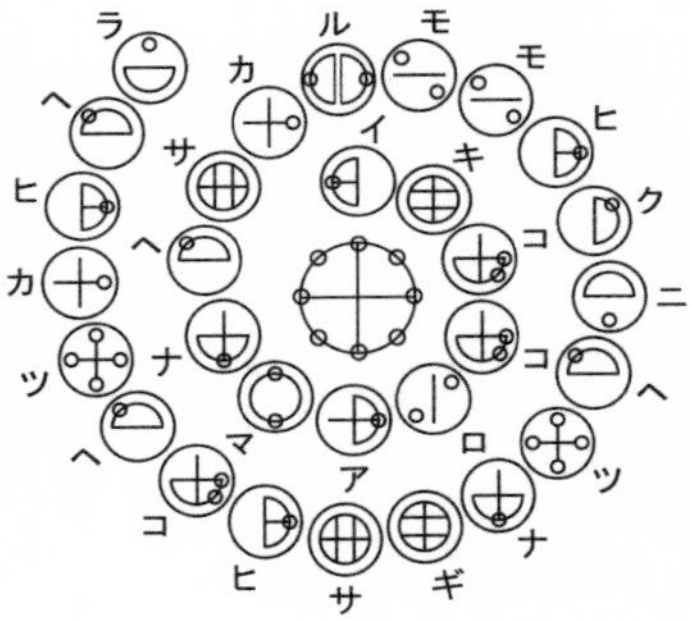
ラ
ル
モ
モ
カ
ヘ
サ
イ
キ
ヒ
ヒ
ク
ヘ
コ
カ
ニ
ナ
コ
ツ
ヘ
ヘ
マ
ロ
ツ
ア
コ
ナ
ヒ
ギ
サ

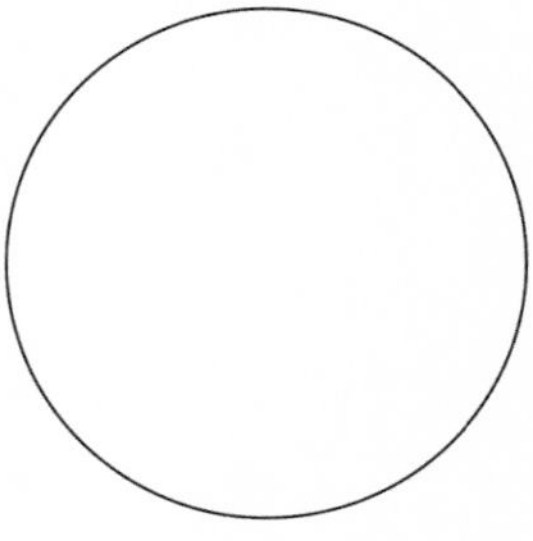

第54首

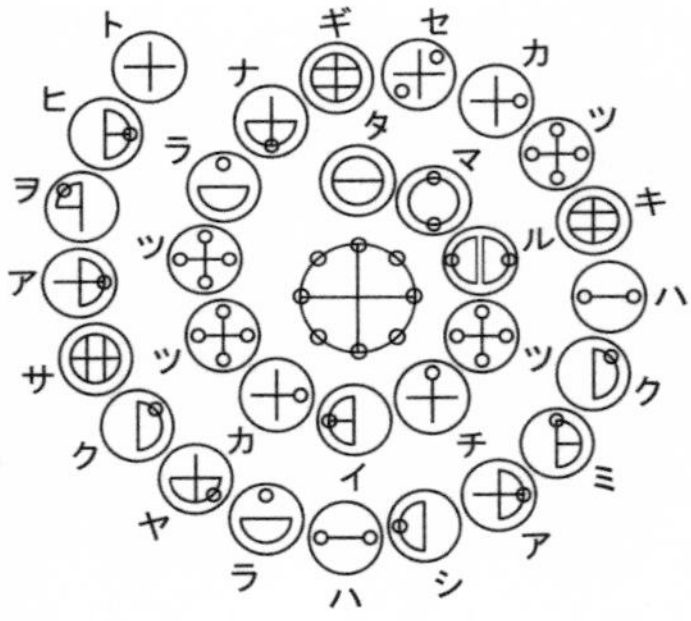
ギ
セ
ト
ナ
カ
タ
ヒ
ツ
ラ
マ
ヲ
キ
ツ
ル
ア
ハ
ツ
ツ
サ
ク
カ
チ
ク
ミ
イ
ヤ
ア
ラ
シ
ハ

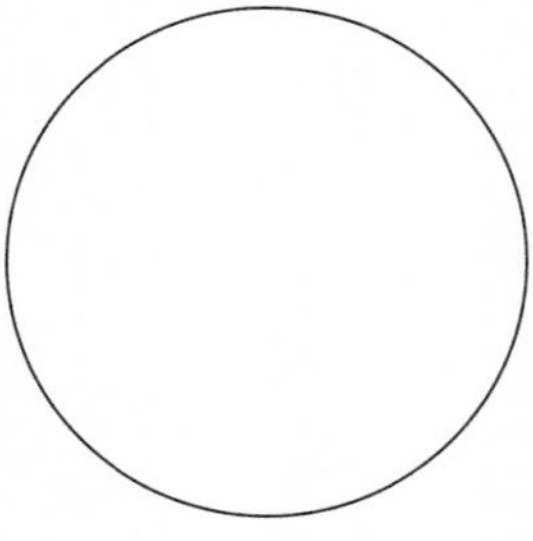

第55首

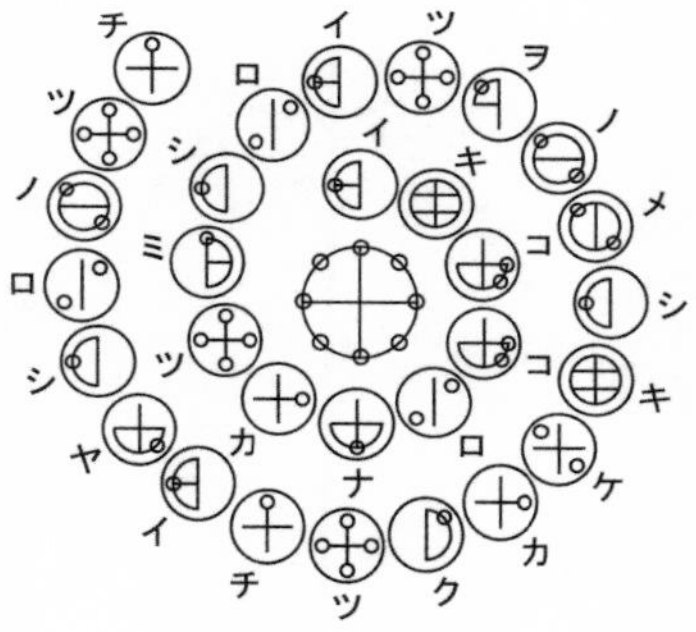
イ ツ ヲ ノ メ シ キ ケ カ ク ツ チ イ ヤ シ ロ ノ ツ チ
ロ シ ミ ツ カ ナ ロ コ コ キ イ

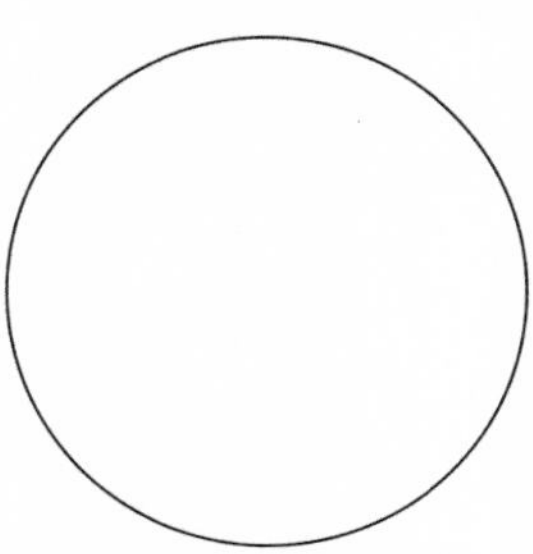

第56首

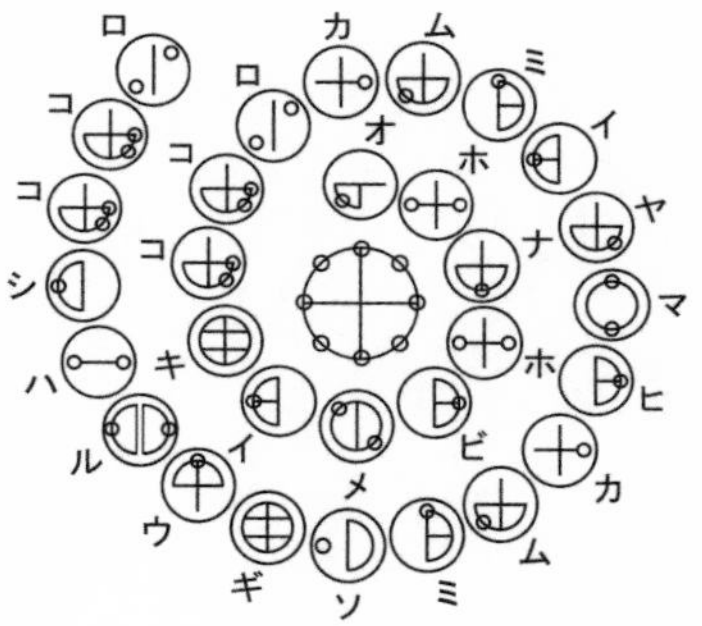
カ ム ミ イ ヤ マ ヒ カ ム ミ ソ ギ ウ ル ハ シ コ コ ロ
ロ コ コ キ イ メ ビ ホ ナ ホ オ

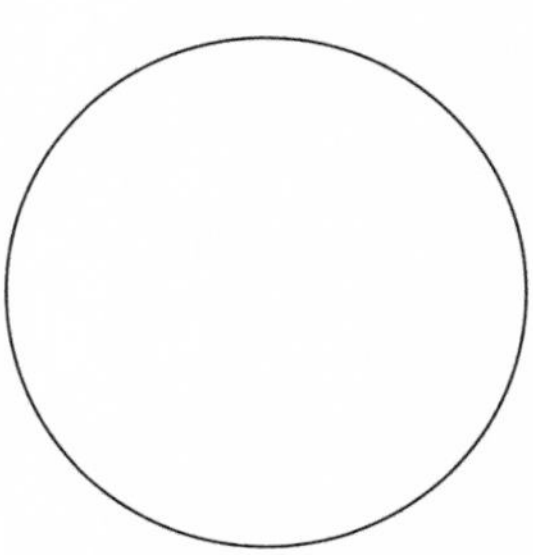

第57首

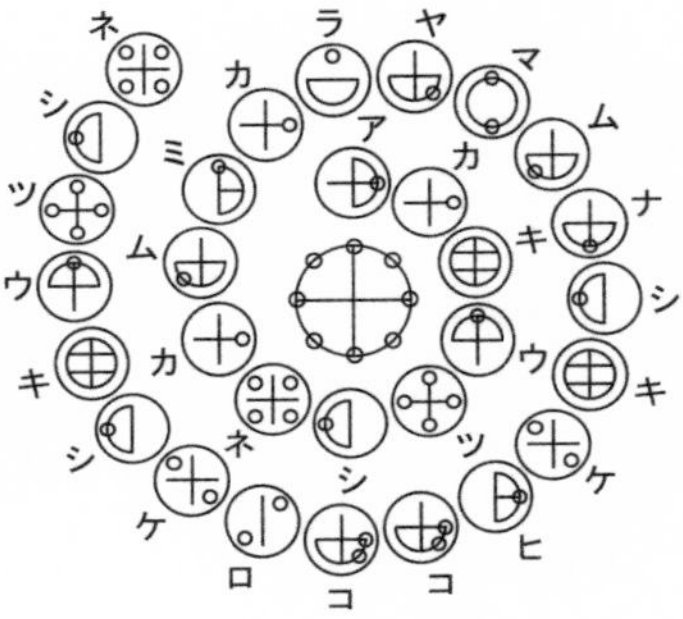
ネ
シ
ツ
ウ
キ
シ
ケ
ロ
コ
コ
ヒ
ケ
キ
シ
ナ
ム
マ
ヤ
ラ
カ
ミ
ム
カ
ネ
シ
ツ
ウ
キ
カ
ア

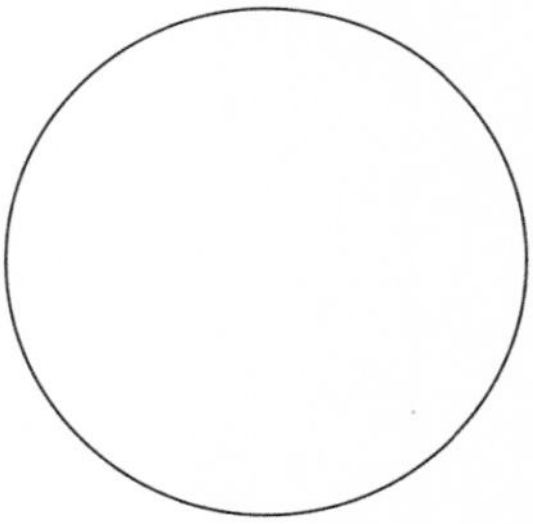

第58首

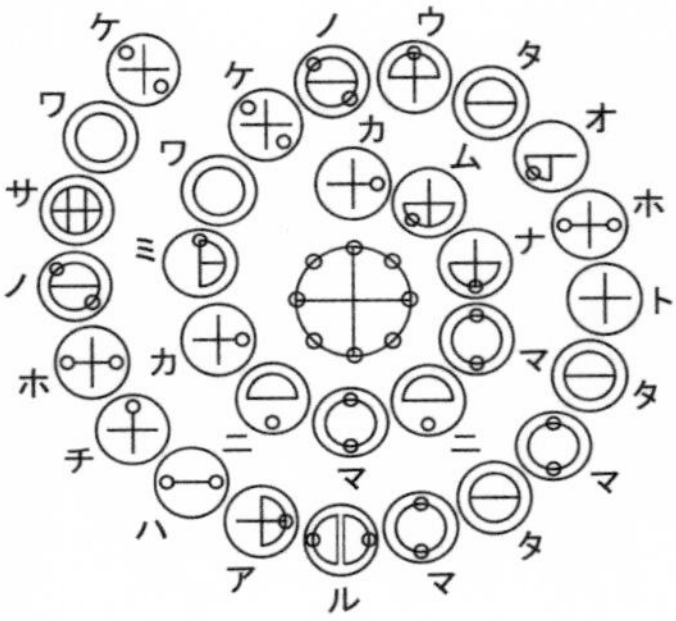
ケ
ワ
サ
ノ
ホ
チ
ハ
ア
ル
マ
タ
マ
タ
ト
ホ
オ
タ
ウ
ノ
ケ
ワ
ミ
カ
ニ
マ
ニ
マ
ナ
ム
カ

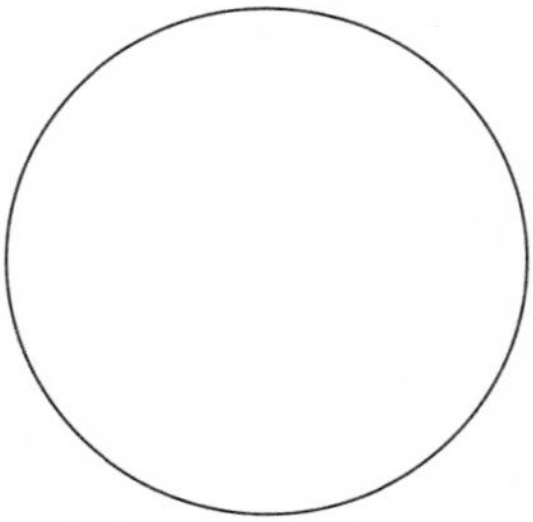

第59首

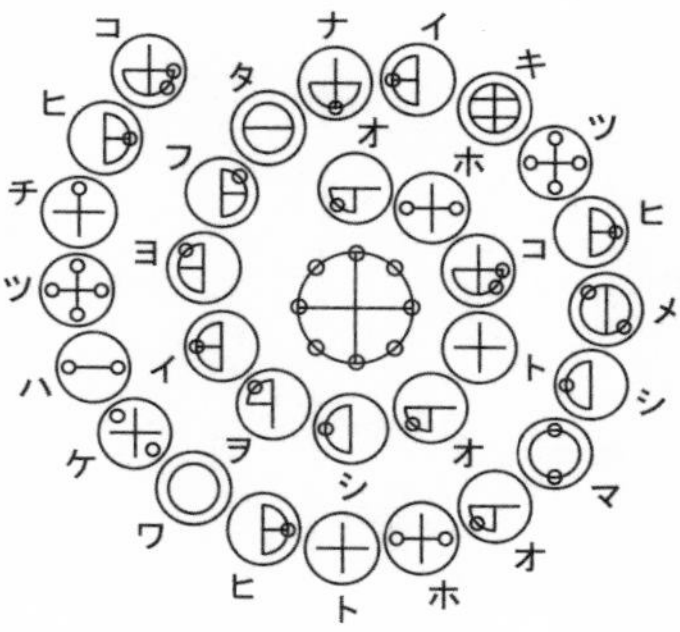
オ ホ コ ト オ シ ヲ イ ヨ フ タ ナ イ キ ツ ヒ メ シ マ オ ホ ト ヒ ワ ケ ハ ツ チ ヒ コ

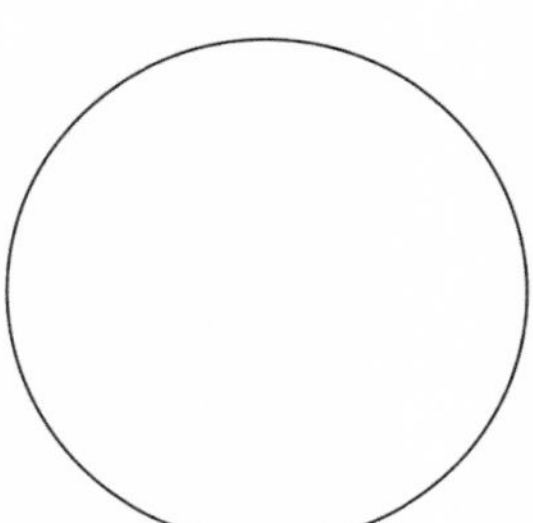

第60首

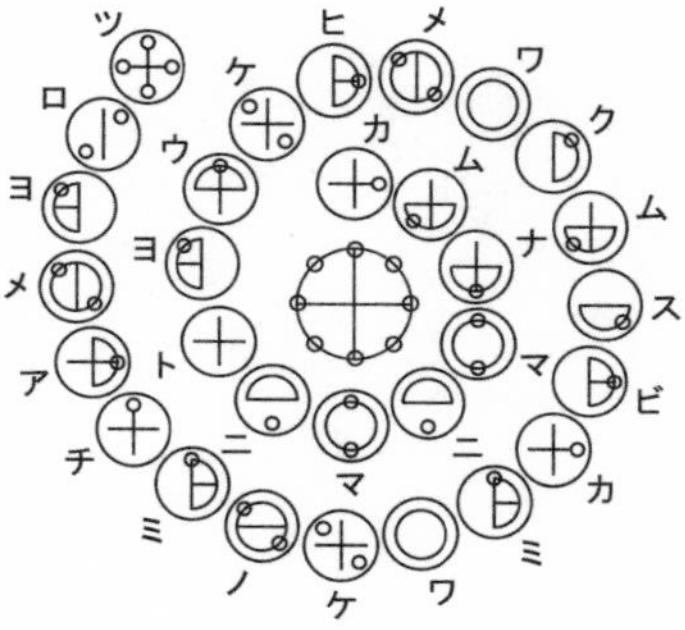
カ ム ナ マ ニ マ ニ ト ヨ ウ ケ ヒ メ ワ ク ム ス ビ カ ミ ワ ケ ノ ミ チ ア メ ヨ ロ ツ

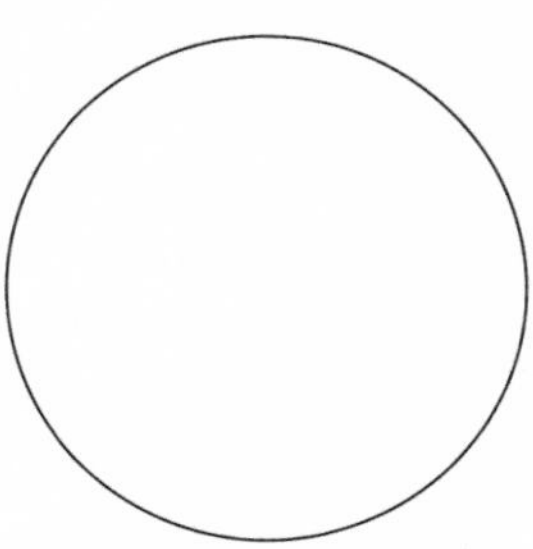

第61首

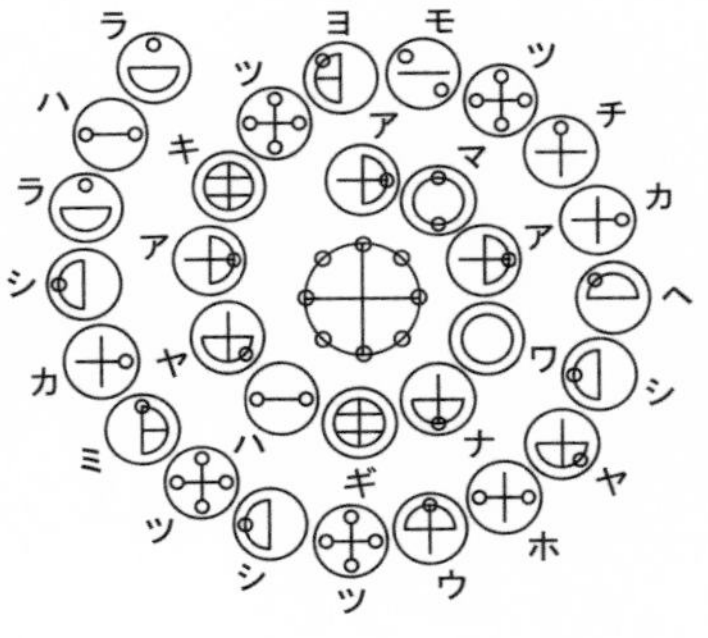
ヨ
モ
ツ
チ
カ
ヘ
シ
ヤ
ホ
ウ
ツ
シ
ツ
ミ
カ
シ
ラ
ハ
ラ
ツ
キ
ア
ヤ
ハ
ギ
ナ
ワ
ア
マ
ア

第62首

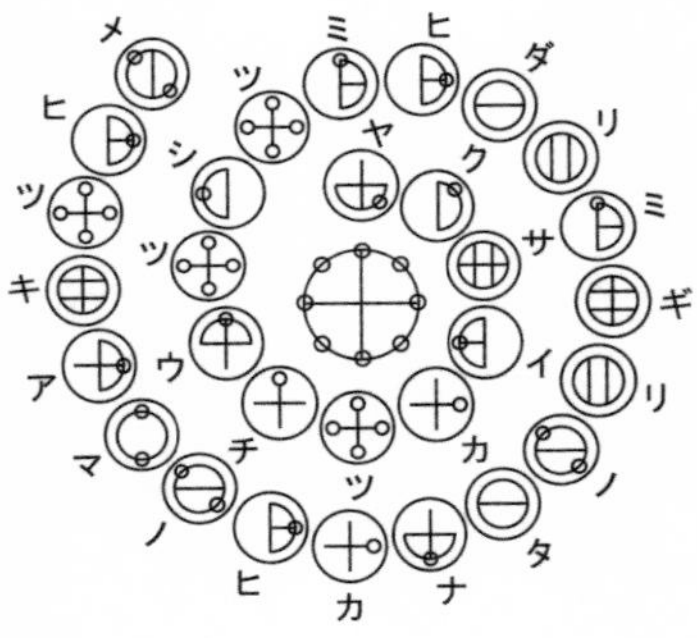
ヒ
ダ
リ
ミ
ギ
リ
ノ
タ
ナ
カ
ヒ
ノ
マ
ア
キ
ツ
ヒ
メ
ミ
ツ
シ
ツ
ウ
チ
ツ
カ
イ
サ
ク
ヤ

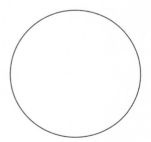

第63首

第64首

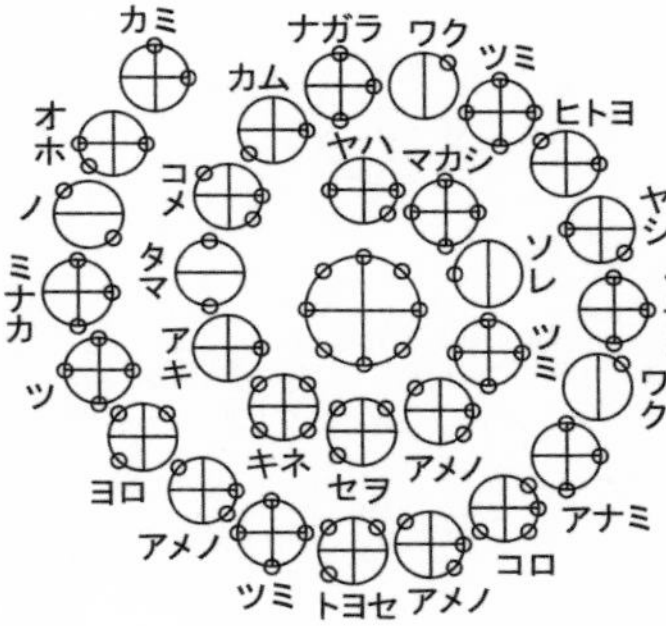

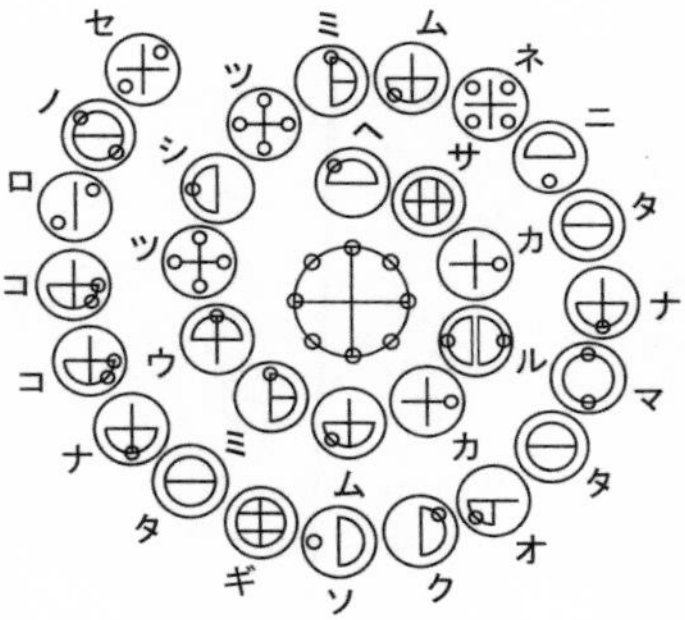

楢崎読み

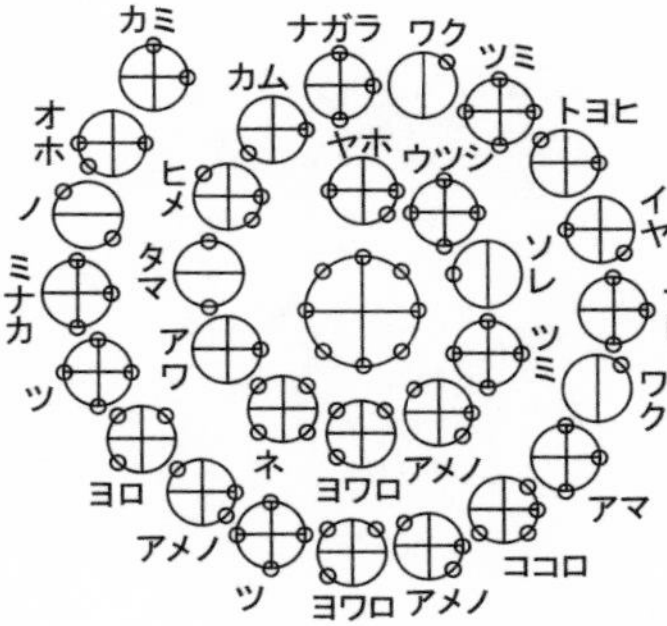

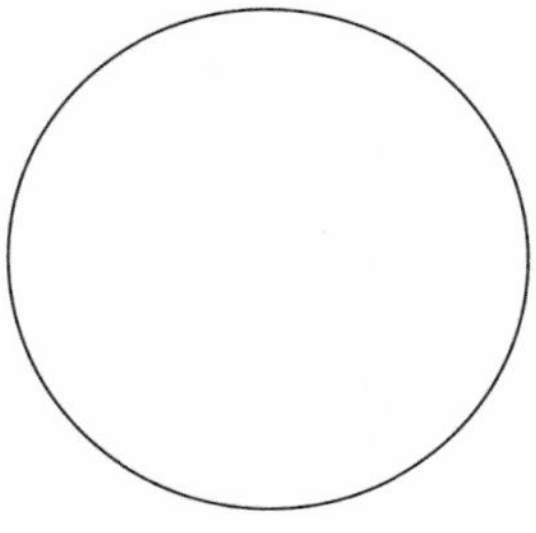

筆者読み

第65首

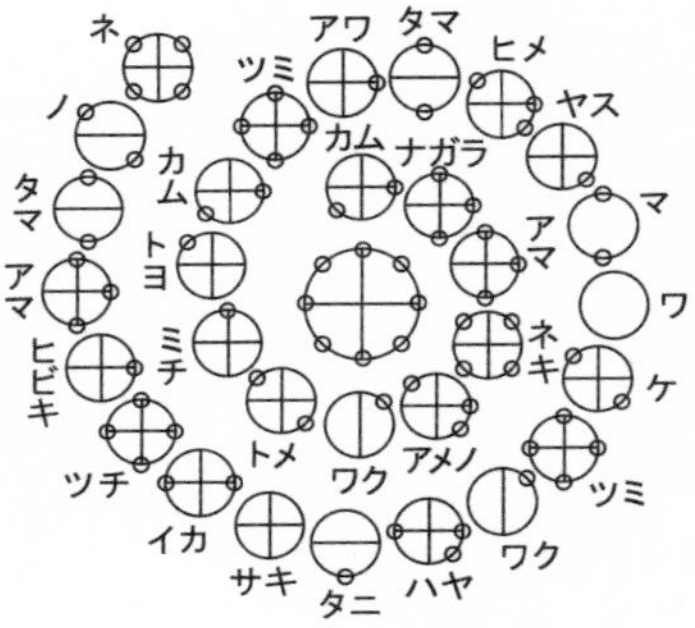

楢崎読み

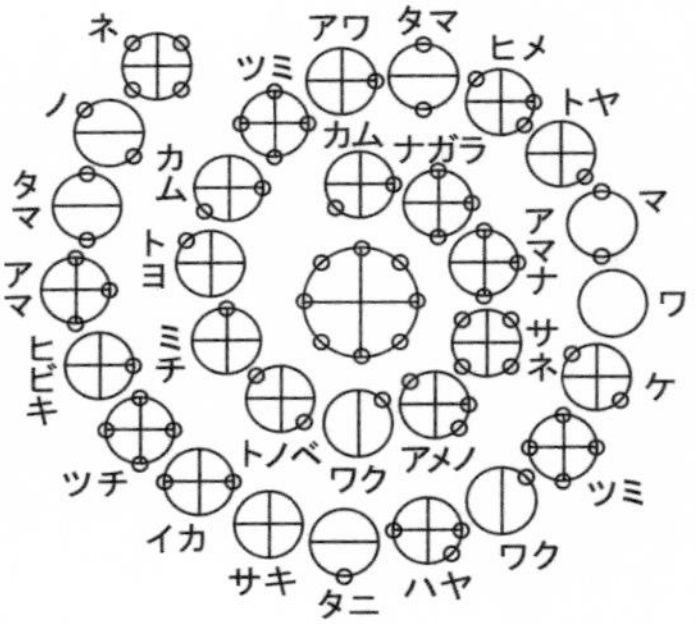

筆者読み

第66首

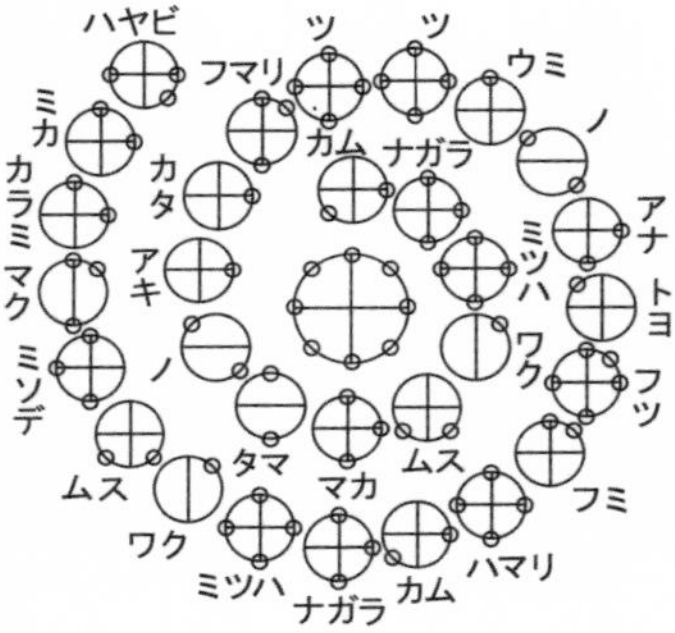

楢崎読み

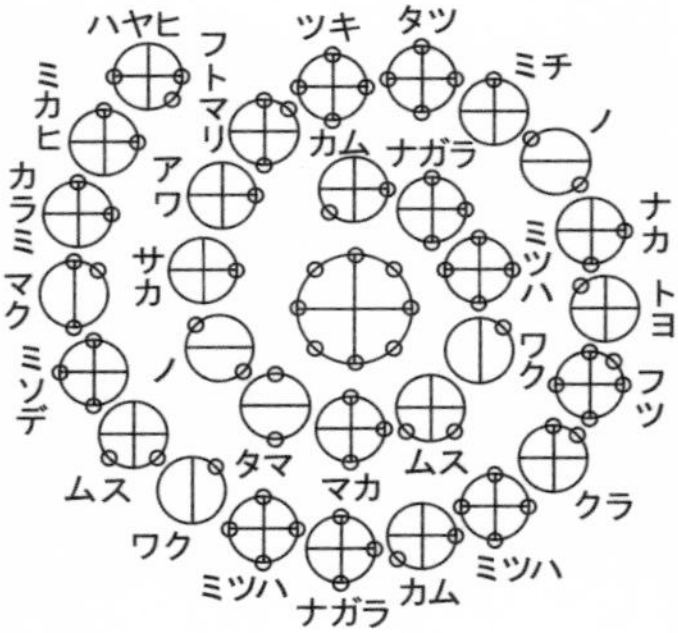

筆者読み

第67首

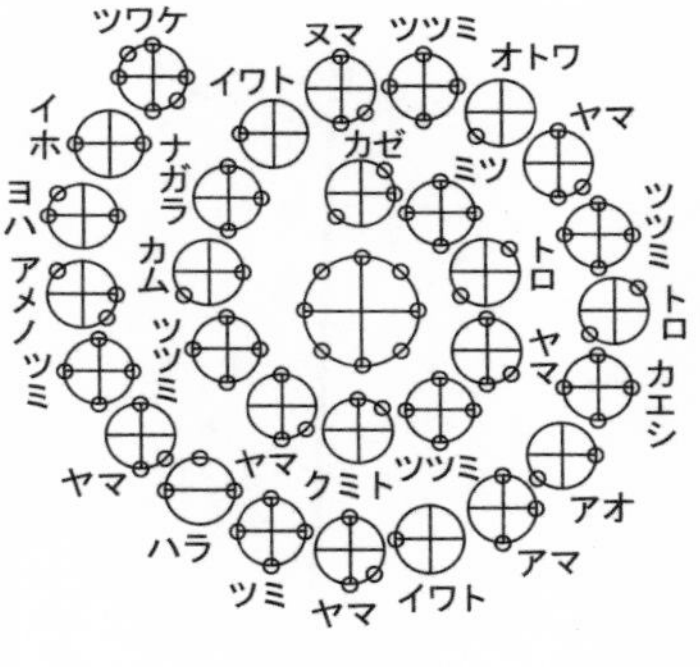

楢崎読み

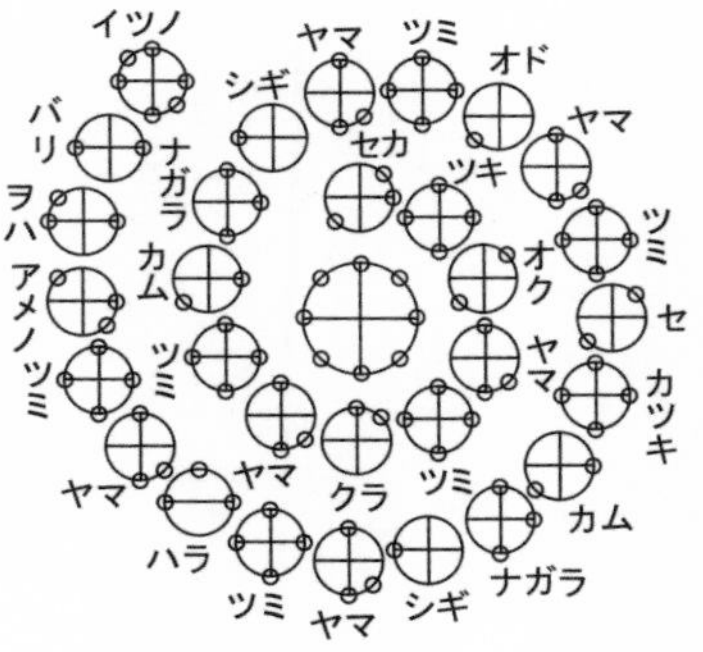

筆者読み

第68首

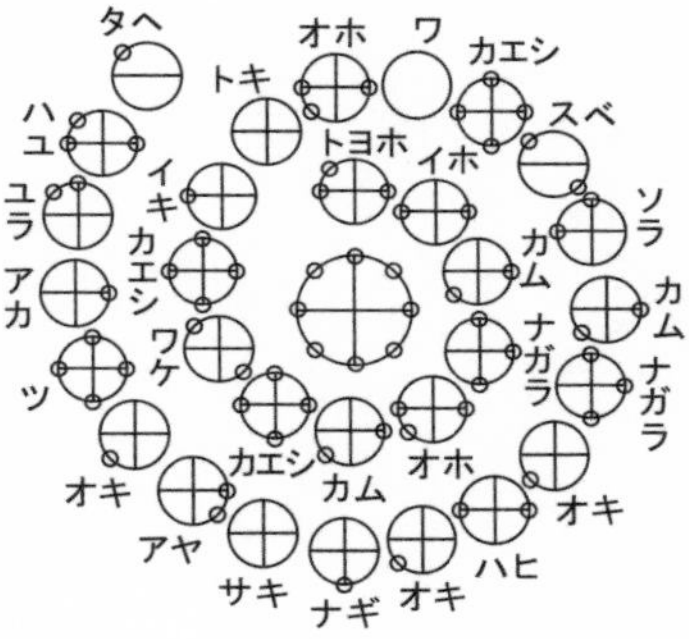

楢崎読み

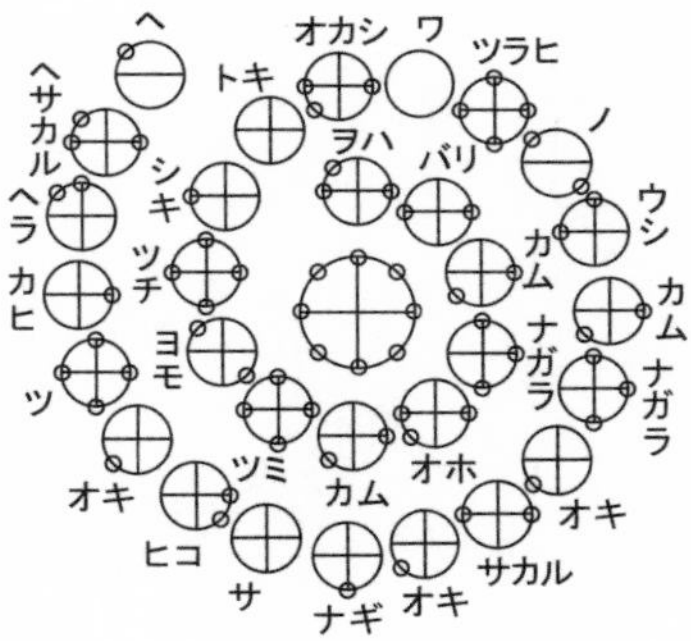

筆者読み

第69首

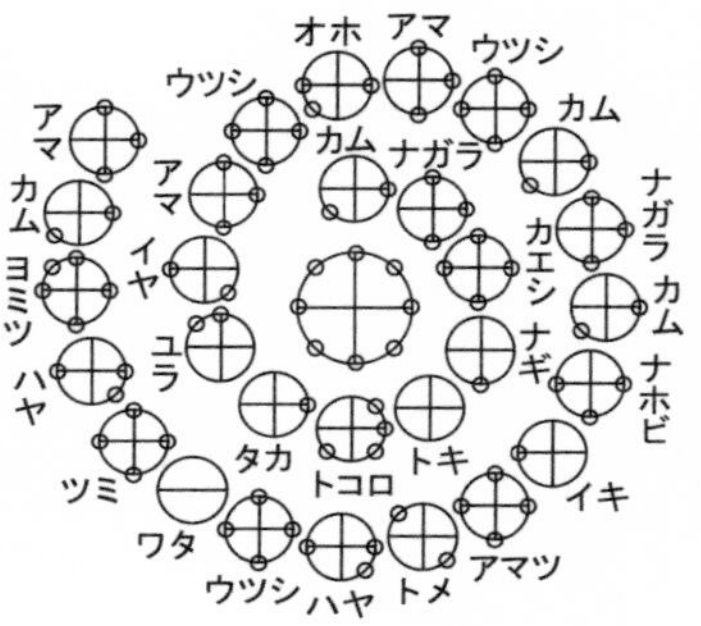

楢崎読み

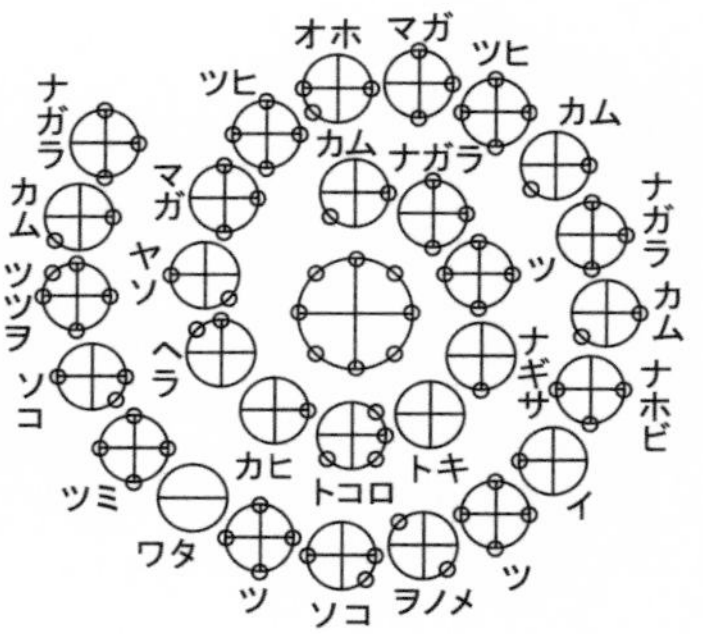

筆者読み

第70首

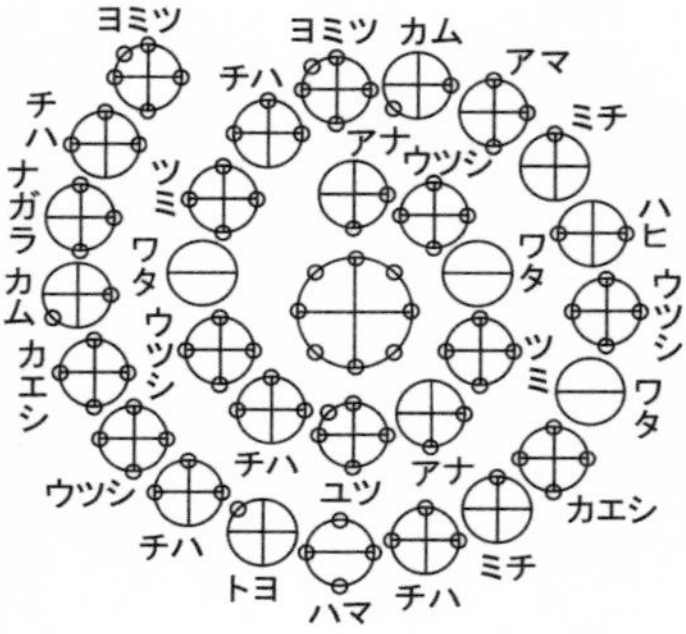

楢崎読み

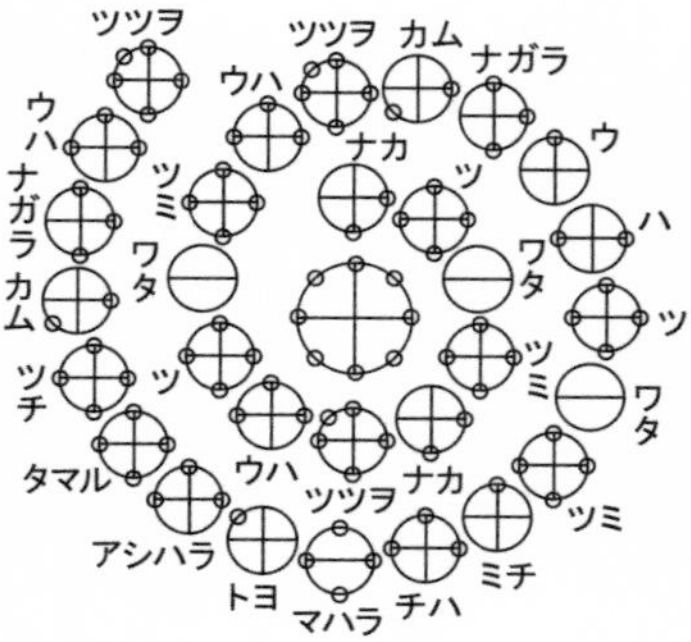

筆者読み

第71首

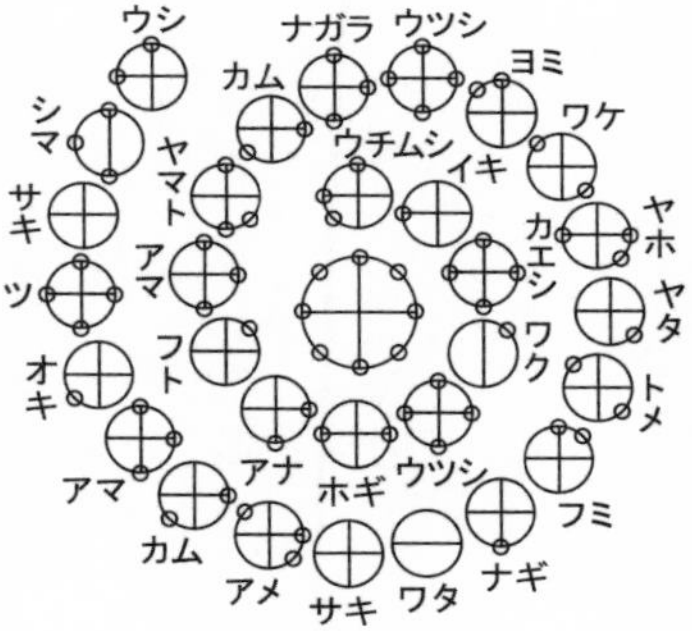

楢崎読み

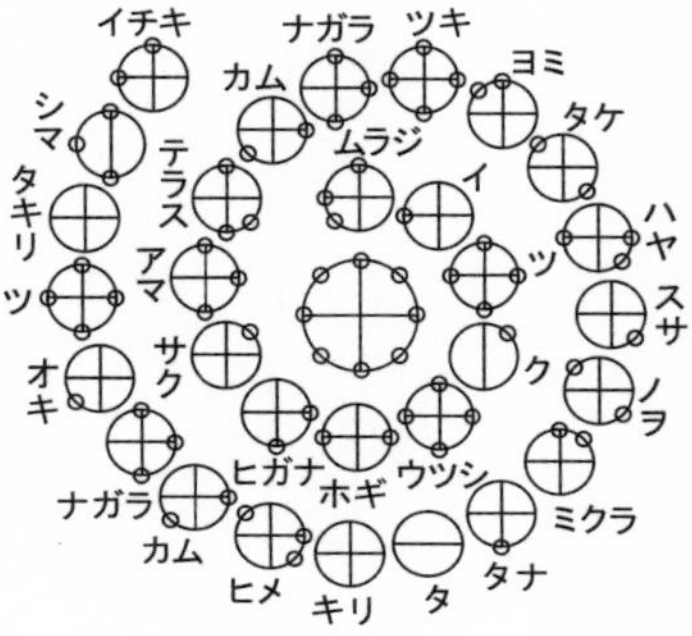

筆者読み

第72首

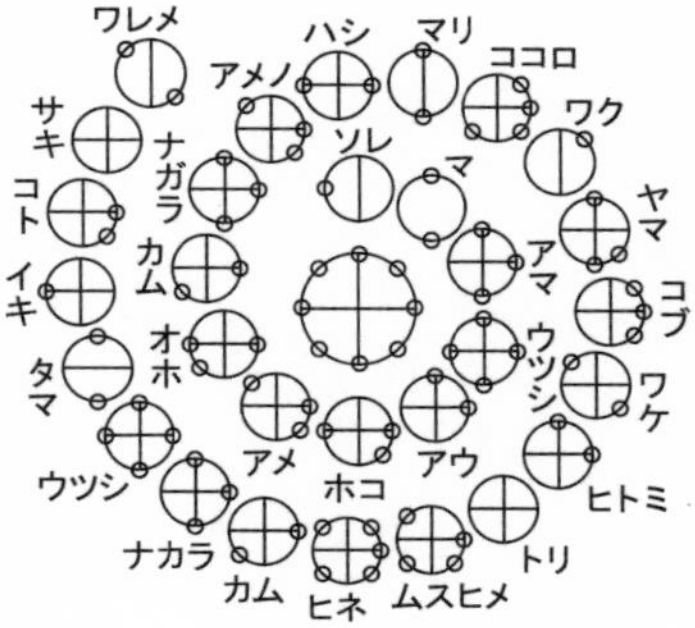

楢崎読み

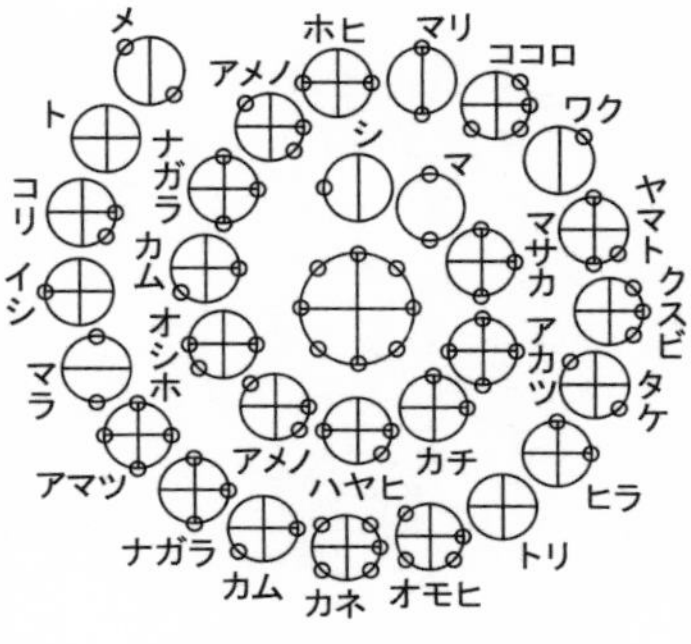

筆者読み

第73首

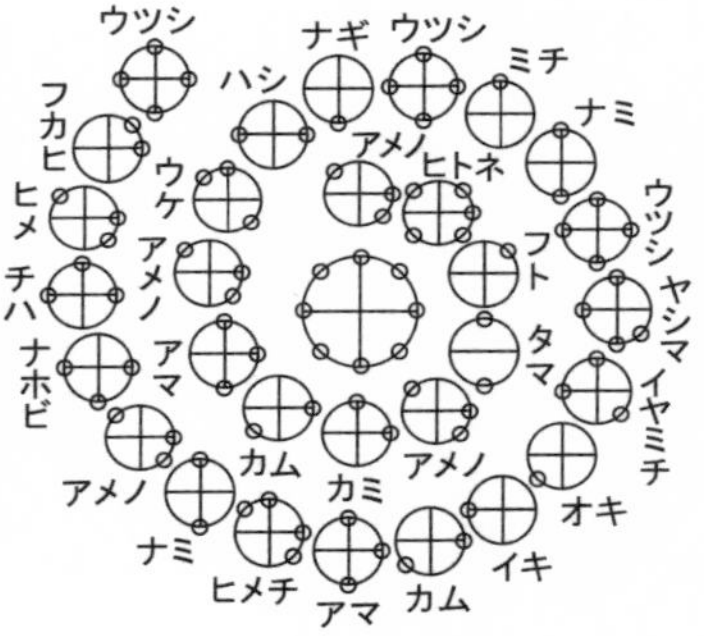

楢崎読み

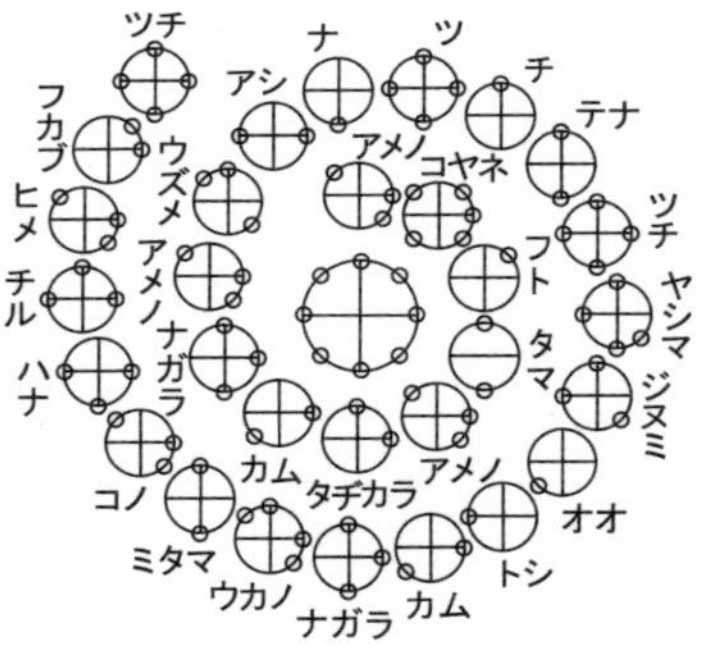

筆者読み

第74首

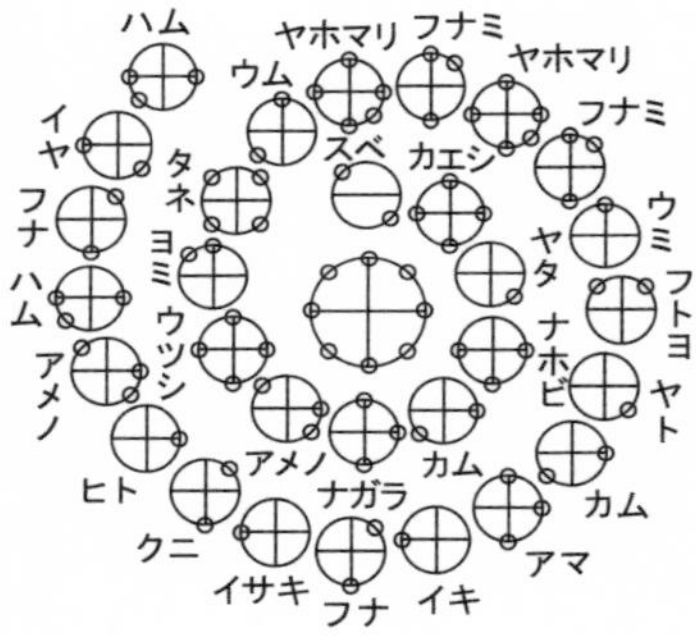

楢崎読み

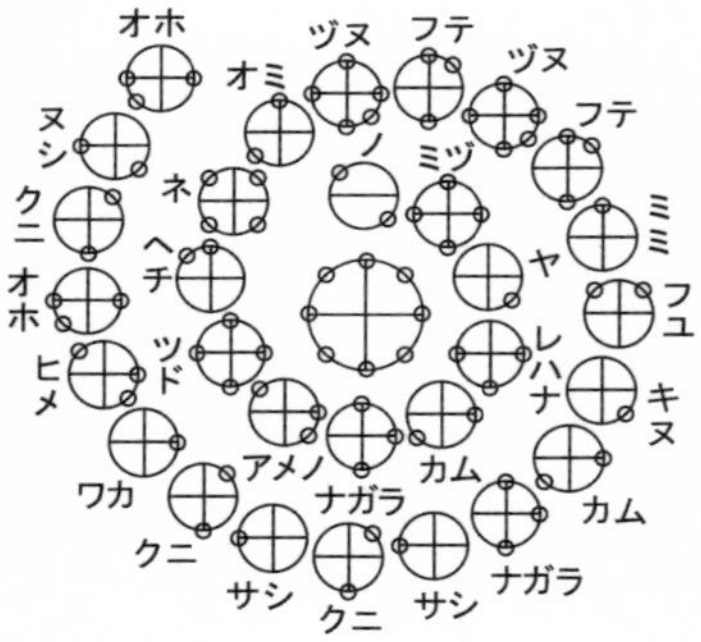

筆者読み

第75首

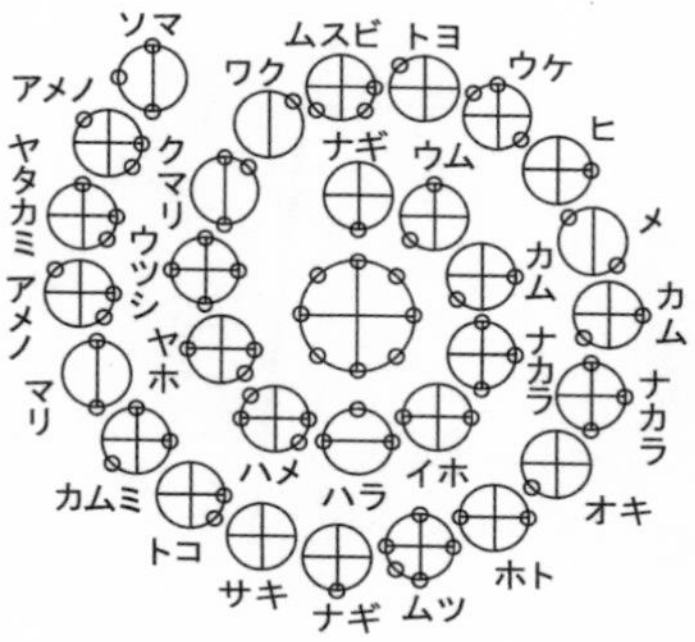

楢崎読み

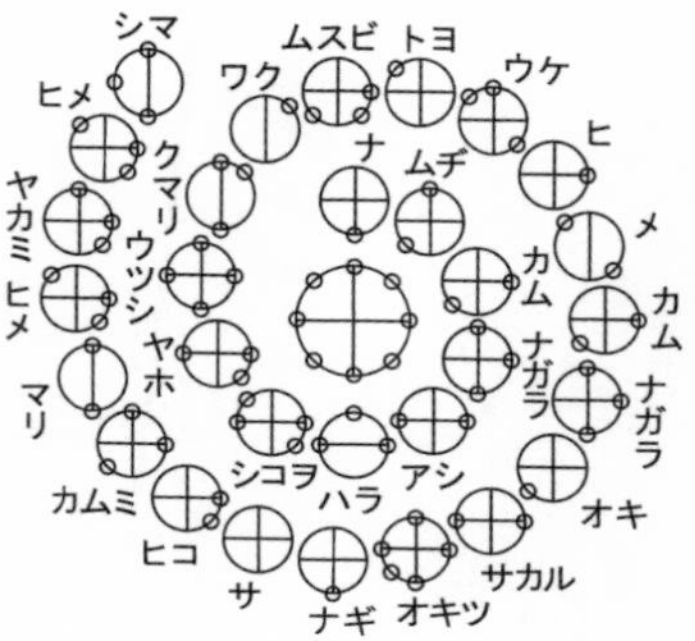

筆者読み

第76首

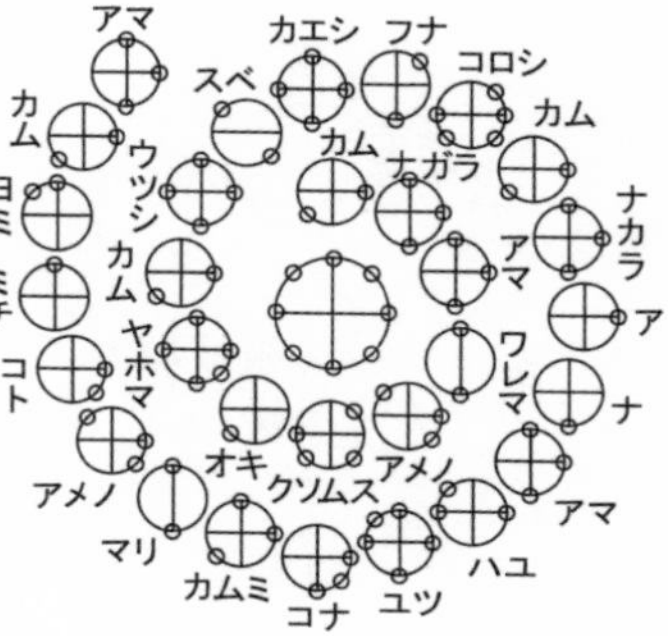

楢崎読み

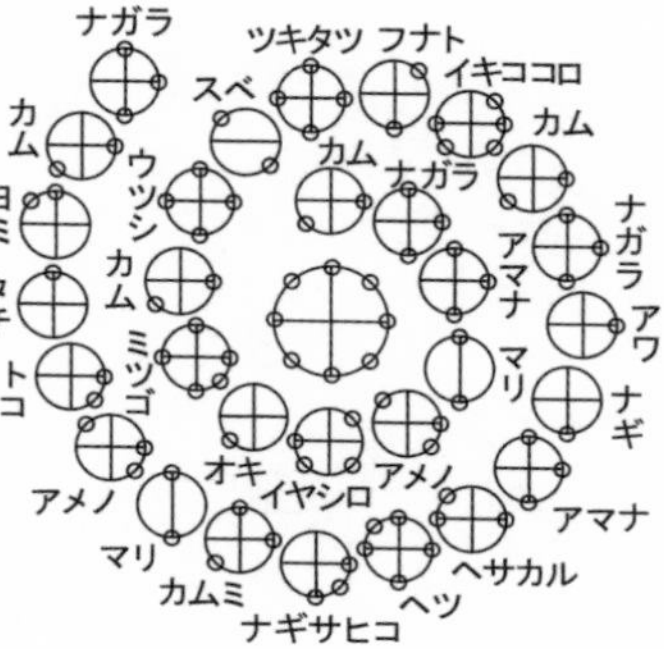

筆者読み

第77首

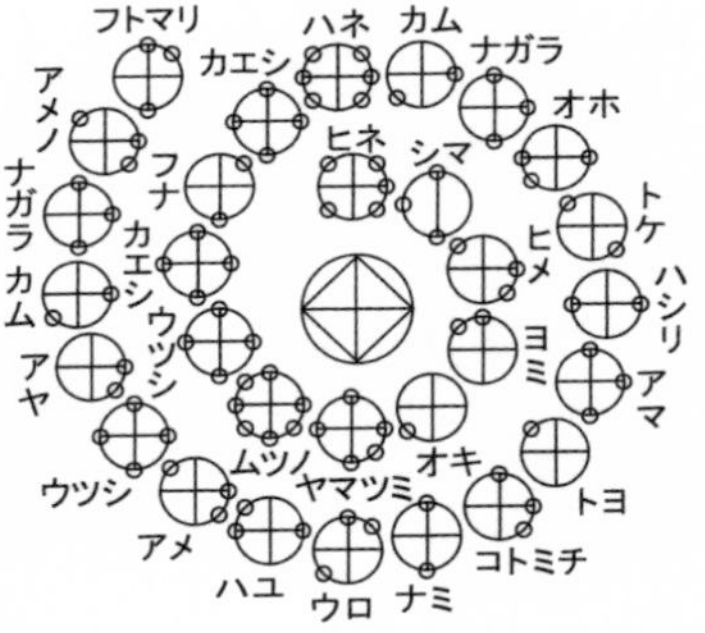

楢崎読み

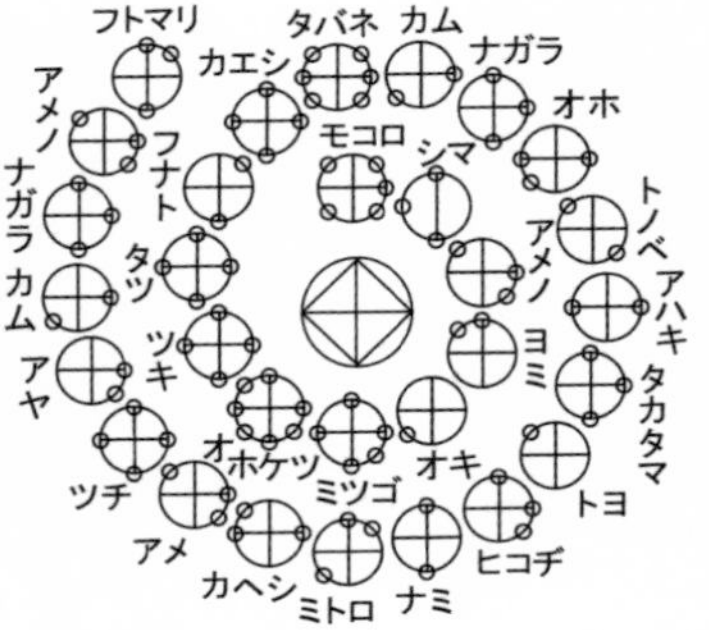

筆者読み

第78首

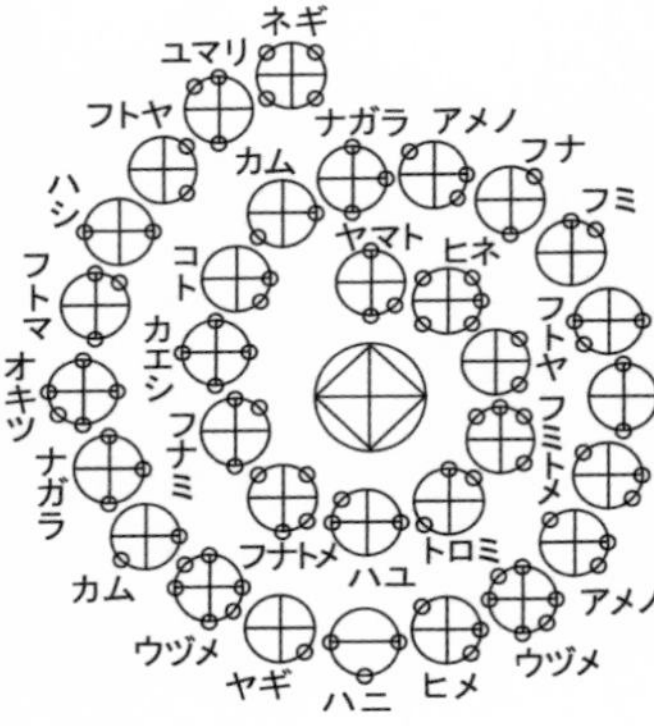

楢崎読み

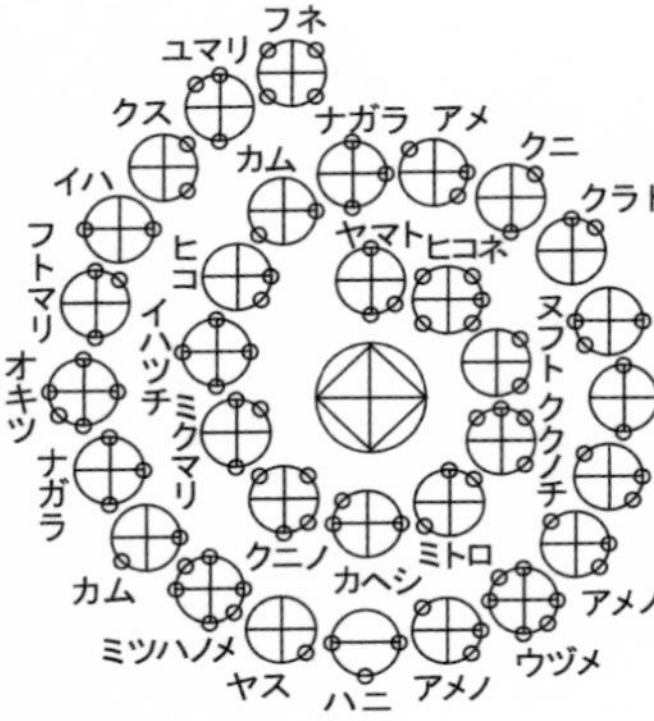

筆者読み

第79首

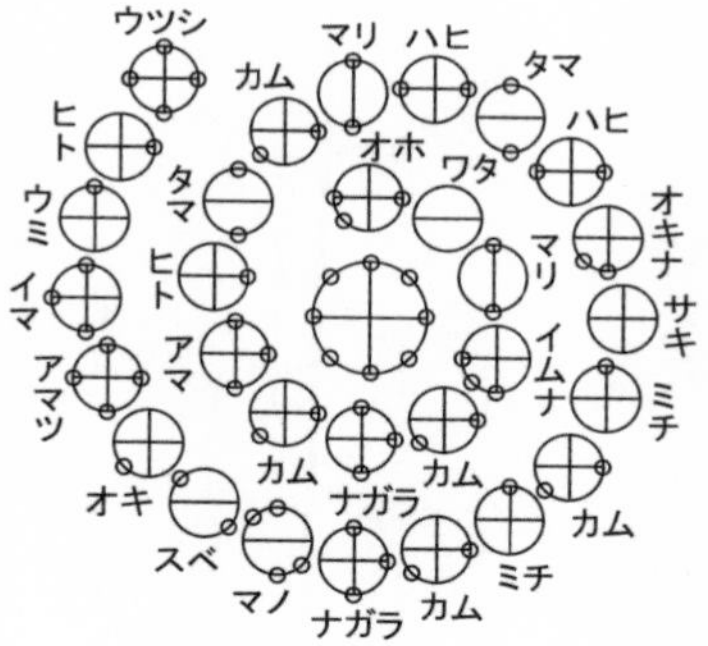

楢崎読み

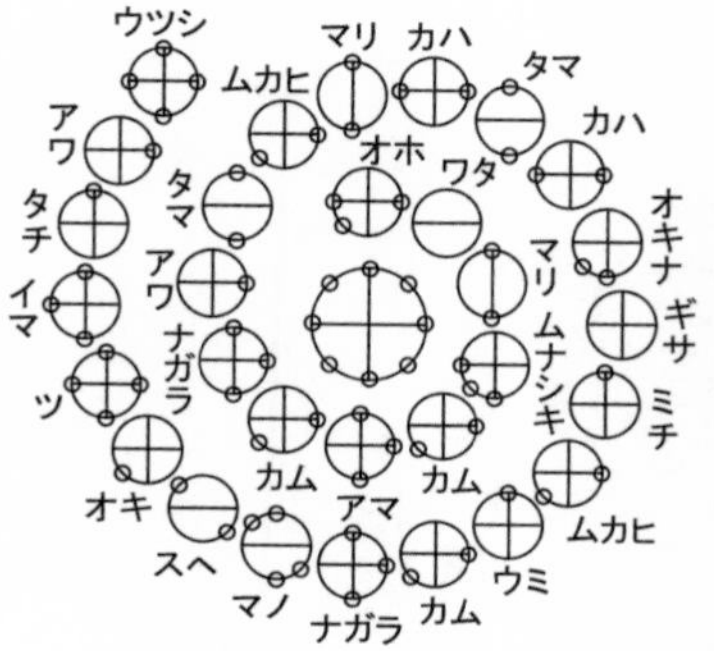

筆者読み

第80首

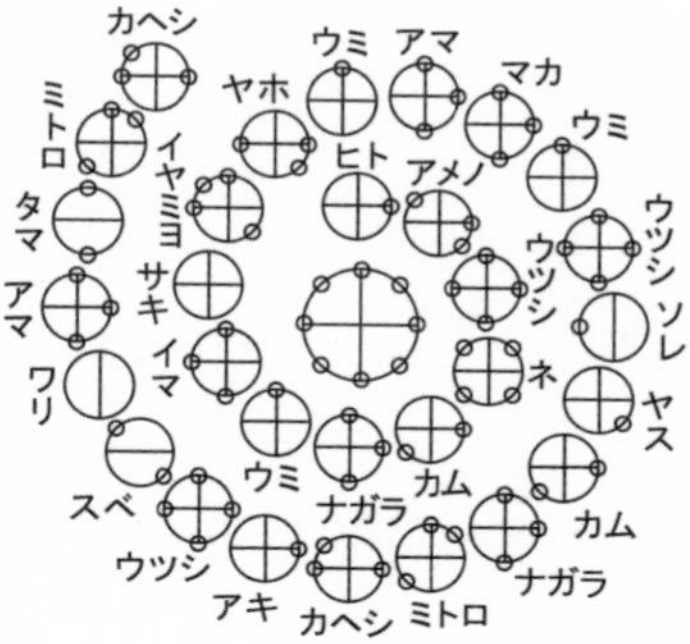

楢崎読み

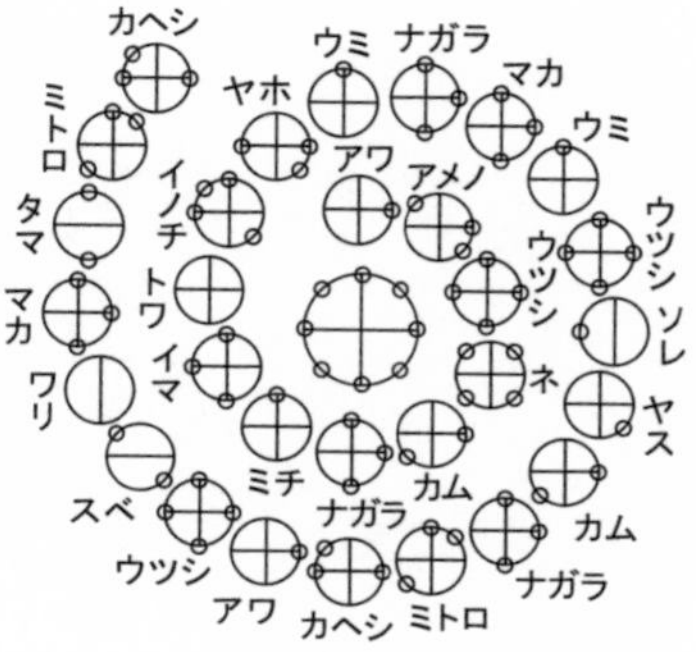

筆者読み

第十章　楢崎皐月・富永半次郎の「略歴」と「語録・解説」

一　楢崎皐月《こうげつ》

1　略歴

明治三十二（一八九九）年五月九日、山口県の東萩に生まれ、北海道札幌市で育ちます。十七歳で上京し、日本電子工業・電気学校で学び、その後「特殊絶縁油」を開発しました。四十一歳の時、石原莞爾《かんじ》の助言を受け、人造石油をつくる工場を設立します。翌年、陸軍からの要請で、満州吉林省河北へ、製鉄技術試験場の所長として赴任しました。吉林では、寄進した縁で老子教の盧有三《らうさん》老師に招かれ、お茶をもてなされました。その時、お茶を沸かした鉄瓶の熱伝導のよさに、鉄の専門家の楢崎は驚きます。鉄瓶は、日本の超古代の八鏡の文字を持つアシア族によって作られたと説明を受けました。

満洲から帰国後は、星製薬の星一《ほしはじめ》社長の援助を受けます。
社内に重畳波研究所を設け、新しい農業技術の開発を目指しました。
また、旧海軍の技術者たちと「化成会」という無我共同体をつくります。
昭和二十三（一九四八）年から、植物波農法研究のため全国を巡り、
大地電位の調査を始めました。
昭和二十四（一九四九）年の冬に、六甲の金鳥山で、大地電位の測定していた時、
平十字氏と出会います。彼は、カタカムナ神社の御神体とされる巻物を見せてくれました。
巻物の中の図象を見た楢崎氏は、吉林で盧有三が話してくれた八鏡の文字だと直観し、
渦巻き状に書かれたカタカムナウタヒ八〇首を、全てノートに筆写させてもらいます。
昭和二十五（一九五〇）年、農作物の質と量を飛躍的に向上させる「植物波農法」の指導を
全国の青年に対して始めます。
昭和三十二（一九五七）年、環境の静電気により、
物質の結晶構造の質を変える静電処理器を開発します。
そして、「静電三法」を刊行しました。
昭和四十三（一九六八）年、「古事記」等を研究し、
カタカムナ図象と天然物理の解明を開始し始め「日本の物理学」の講演をします。

昭和四十四（一九六九）年十二月四日、宇野多美恵女史と出会いました。
昭和四十五（一九七〇）年六月十一日、考古物理学講演の最終日に、
謀略が日本に仕掛けられている現実に触れ、問題意識を持つ若い後継者を求めました。
この日に「天然会」を八つ発足させますが、
カタカムナ研究をする「宇野天然会」しか残りませんでした。
そして、名称を「相似象学会」に変更しました。
楢崎氏の宇野へのカタカムナ伝授の期間は、最後の四年間であり、
昭和四十九（一九七四）年七月三十一日、七十五歳で亡くなりました。

2　語録・解説

「従来の常識では、精進潔斎し、食も性（女）も退け、
ひたすら難行苦行しなければ、ダメだとされていた。
あるいは又、理智の頭脳を最高に働かせ、精神統一して思考しなければならぬと
思われていた。ところが、そのどちらでもなく、アマウツシというものは全く違う。
今、僕は、最も美味しいものを頂いて食欲を満たし、美しいものを見、
アマウツシを頂いて心身をくつろげ、本能を澄まし、

最も動物的な直感を最高に発揮して、ヒラメクものに任せている」

✿解説

楢崎氏は、アマウツシによる電気補充が
発生の条件であることを見抜いていました。
また、対向発生による直観力の向上を目指しました。

「誰もトキが凝縮したり、加速したり出来るモノであるとは考へない。
要するに、物質がトキトコロで成り立つとか、
めいめいは自分のトキトコロをもつというカタカムナのサトリを失ったからである」

✿解説

いまでこそ量子力学の考え方が普及しているので、
楢崎氏の天然物理の考え方を理解出来る人も増えてきましたが、
六十年前の一般的な常識にはありませんでした。
神秘主義に基準を置いた宗教や、物質偏向の自然科学からは

到達することが出来ない「天然文明」は、
潜象からモノを生み出し、トキによる還元力を駆使する
新しい着想の人々により開かれるとしていました。

「どんな優れた技術も、
一部の資本家や野心家に奉仕する結果となっては、研究家の喜びはない。
自分たちの開発した技術で、一般の人々が幸福のために上手に活用して、
喜んでもらえる、これが僕ら研究者の楽しみだ」

✿解説

楢崎氏は、研究者としてマコトを追究し、カリスマになりませんでした。
「無我共同体」をつくり、個人の利益よりも民衆の利益を優先して、
人々の陰の支えになる生き方を貫きました。

二　富永半次郎

1　略歴

明治十六年二月二日、東京日本橋の旅籠《はたご》屋で生まれました。

府立一中の四年の頃は、土岐善麿《ときぜんまろ》などと源氏物語や万葉集の研究をするような少年でした。

谷崎潤一郎とは顔見知りで、『少年』の主人公の塙《はなわ》信一のモデルとなったようです。

一高に入り、夏目漱石の英語の授業の中で、

漱石が、「人間が死を忘れることがあろうか」と呟いたのに対し、

「何かの時は忘れるのではないですか」と反論した逸話もあります。

生粋の江戸っ子気質で、独立独歩の精神を持つ青年だったようです。

友人に誘われ東大の法科に入りましたが、「宇宙の中で人間はどう生きたらよいか」

を探求する自分には意味がないと悟り、文科に編入しました。

ところが、文科の講義内容にも、「人間が生きる根本的な根拠」を感じることが出来ず、

ついに大学をやめ、日本各地や中国、西洋などを放浪しました。

世界を実体験することで、独自の思想を形成して行こうとしたのです。

帰国後は、文部省が嘱託する社会教育会の主幹に任命され、

さらに日本青年協会の学監となり、全国から選抜された青年の教育に携わりました。
その後は、「徳一」を追求する在野の思想家として、
本郷の願行寺で東大・一高生らに東西の古典を教えました。
また、海軍大学校では、『国体の信念』を講演しました。
第二次世界大戦中には、高崎の小舟に疎開しましたが、
戦後は、浦和の千谷宅に寄寓して「富永塾」をひらきました。
著書には『剣道における道』『釈迦仏陀本紀』『正覚について』
『聖徳太子』『國文學の基本』などがあります。

2　語録・解説

「これまで正覚者として私が分った者は十六人ある。
支那では、堯《ぎょう》、舜《しゅん》、禹《う》、湯王《とうおう》、伊尹《いいん》、文王、周公、孔子、顔回《がんかい》
日本では、紀友則、宝井其角
印度では、釈迦、舎利弗《しゃりほつ》、阿育王（アショカ王）、法華子
西洋では、ゲーテである」

✿解説

正覚者とは、妄想をせず、無我を指向した人を意味します。なかでも、正覚への道筋を示した「釈迦」を高く評価しました。釈迦の教えは「仏教」となり、後世に伝わったとされますが、実際には、釈迦が直接書いた書物はありません。仏教は、後世に立てられた「仏説」の蓄積なのです。

仏説が、マコトを伝えていないと感じた富永氏は、釈迦自身のコトバが書かれた原典を探しました。

それが「ヴヤダンマーサンカーラー」の書かれた『涅槃経』の原典（パーリ語）でした。

「五蘊観の習熟徹底によって五蘊体系が明らかになれば、
サンカーラーのヴェーダナー（受）過程に於ける
ウパーダーナ（自我妄想）発生の端的をも透過して、
サンカーラー（行）作用の発生の根源に徹底し達する。
それがヴヤダンマーなる体験である」

✿解説

釈迦の内観による「五蘊観」とは、メタ認知です。


「五蘊」とは、人間が認識をするに至る五段階の潜象過程を意味します。

「五蘊」は「色・受・想・行・識」の五段階からできています。


「色」は、ルーパであり「環境」にあたります。

「受」は、ヴェーダナであり「感受」にあたります。

「想」は、サンニャであり「イメージ」にあたります。

「行」は、サンカーラーであり「潜在的意図」にあたります。

「識」は、ヴィジュニャーナであり「認識」にあたります。


釈迦は三十五歳で「五蘊無我」を悟り、教団は大きくなりました。

ところが、八十歳を過ぎ、病気で療養していた弟子の舎利弗を見舞った時、舎利弗から「五蘊が輪廻して妄想が起こります」と伝えられます。

しばらく内観の日々を過ごし、

「行」（サンカーラー）に観念の輪廻を起こす由来があることを発見します。
そこで、五蘊観の徹底を図ると、
「輪廻を起こすアーユサンカーラー（自我）が無くなり、
ヴヤダンマーサンカーラー（無我）だけになる」という体験を得たのです。
「ヴヤ」とは「消滅」であり、「ダンマー」とは「法」です。
ヴヤダンマーは「無我の法」ともいうべき釈迦の造語です。

「自我は記憶の集積からそれが存在であると錯覚しているが、それは作用に他ならない。
ヴェーダナー（受）過程から成立した知覚と、
サンカーラー（行）過程から成立した観念を混乱したことが間違いのもとだ」

✿解説

観念は「受」の感受が「行」において抽象化される時に生まれます。
しかし、抽象化された観念には、自我の好み（歪み）が入りやすいのです。
つまり、これが伊尹の言う「徳二、三」にあたります。
本人が気づかないうちに観念はイマを失い、迷妄輪廻の世界に入っていきます。

そのことをメタ認知する必要があるのです。

「好みに耽らず、ヴヤダンマーサンカーラーとたゆみなく精進せよ」と、釈迦は、最期に、因縁解脱の法を人々に示して入滅されました。

それは「無我」の徹底であり、「徳一」を目指すことであり、「ミクマリ」になることだといえます。

あとがき

まじめに働いてきたけど「何か虚しい」というのが、多くの日本人の本音です。
虚しいのは、人々が無意識に「マコトの連帯」を求めているからです。
マコトの連帯とは、無私の精神を持つ者が互いにつながり、助け合うことです。
かつて楢崎氏は、「無我共同体」をつくり、無私の喜びを人々に教えました。
全員で、マコトを共有して支え合うというカタカムナ的発想からです。
マコトの連帯を生むには、私たち一人一人の「意識の転換」が必要です。
現代社会の崩壊や疫病の蔓延は、確かに受け入れ難いものですが、
意識を「反転」させ、マコトの連帯をしていきましょう。
最近では、ＡＩが人間の能力を超え、あらゆる分野で活用されてきました。
将棋の世界では、藤井聡太竜王が最新ＡＩで研究し、成果を上げています。
しかし、私が注目しているのは、彼の人柄です。

もし「人間の生き方」がまともでなくなれば、
将来のＡＩは悪魔的な結果を産むでしょう。
どんなに高度になっても、機械が「正覚」することはないのです。
人間の価値は「正覚」できることにあります。
正覚した日本の上古代人は、子孫にカタカムナウタヒを伝えてくれました。
私は、ウタヒの中に、上古代人の「無限の愛」を感じています。
最後に、この出版にあたり支えてくださった方々と、
最後まで読んでいただいた読者に、深く感謝を申し上げたいと思います。

参考文献

『相似象学会誌　相似象』宇野多美恵編（相似象学会事務所）
『ゲーテのファウストとカタカムナ　相似象学会誌特集号』宇野多美恵著（相似象学会）
『富永半次郎著述集』千谷七郎編（国立国会図書館デジタルコレクション）
『剣道に於ける道』富永半次郎著（中央公論社）
『国文学の基本』富永半次郎著（「正覚に就いて―釈尊の仏教」刊行会）
『日本の上古代文明とカタカムナウタヒ』江川和子編（カタカムナ保存会）
『静電三法』楢崎皐月著（シーエムシー技術開発）
『差異と反復』ジル・ドゥルーズ著（河出書房新社）
『私の人生観』小林秀雄著（角川書店）
『日本人の脳』角田忠信著（言叢社）
『契丹古伝』浜名寛佑訳（八幡書店）
『明日を拓く日本古代史』岡崎倫久著（文藝春秋）
『古事記』池澤夏樹訳（河出書房新社）
『ZEROの法則』宇場稔著（幻冬舎）
『反転の創造空間《シリウス次元》への超突入！』半田広宣、中山康直著（ヒカルランド）
『超古代の叡智「カタカムナ」と「0理学」』実藤遠著（たま出版）
『潜象のサイエンスで解く　縄文・カタカムナ・レイキ』アマナ（呉清恵）著（ヒカルランド）
『進化思考　生き残るコンセプトをつくる「変異と適応」』太刀川英輔著（海士の風）
『カタカムナ　言霊の超法則』吉野信子著（徳間書店）
『「いき」の構造』九鬼周造著（岩波書店）
『日本人の源流』斎藤成也著（河出書房新社）
『日本人の祖先は縄文人だった！』長浜浩明著（展転社）

〈著者プロフィール〉
水分 紅月（みくまり　こうげつ）

1954年、宮崎市に生まれる。
父の影響により、東洋哲学に興味を持ち、
悟りについての研究と実践を始める。
1975年、カタカムナ（相似象学会）に出会い、
計8年間通って学びを深める。
國學院大学の文学部文学科、神道学専攻科を修了後、
中高の国語科教員になる。
文学作品の音読を中心にした国語授業で、学力の底上げをおこなう。
囲碁クラブを創設し、初期に大局観を確立する右脳教育により、
生徒の棋力を全国有数レベルにまで育成した。
退職後は、左脳と右脳をつなぐカタカムナ教育の確立と人材育成を目指す。

日本文化の源流はカタカムナにあり
～宇宙の本質を考える～

2023年5月1日　初版第1刷発行
2023年7月14日　初版第2刷発行

著　者　水分 紅月
発行者　韮澤 潤一郎
発行所　株式会社 たま出版
〒160-0004 東京都新宿区四谷4－28－20
☎ 03-5369-3051（代表）
FAX 03-5369-3052
http://tamabook.com
振替　00130-5-94804
組　版　マーリンクレイン
印刷所　株式会社エーヴィスシステムズ

ISBN978-4-8127-0467-7 C0011